플라스틱 제로 프로젝트
출동! 기후행동 특공대

초판 1쇄 발행 2025년 1월 6일

지은이 정종영
그린이 김은주

펴낸이 윤상열
기획편집 서영옥 최은영 **디자인** 김규림 **마케팅** 윤선미 **경영관리** 김미홍
펴낸곳 도서출판 그린북 **주소** 서울 마포구 방울내로11길 23 두영빌딩 3층
전화 02-323-8030~1 **팩스** 02-323-8797
이메일 gbook01@naver.com **블로그** blog.naver.com/gbook01

ⓒ 정종영 김은주 2025
이 책의 출판권은 도서출판 그린북에 있습니다.
저작권법에 의해 한국 내에서 보호받는 저작물이므로 무단 전재와 무단 복제를 금합니다.

ISBN 978-89-5588-492-0 73810

* 도서출판 그린북은 미래의 나와 즐거운 세상을 만들어 가는 콘텐츠를 만듭니다.
* 도서출판 그린북은 독자 여러분의 소중한 의견과 원고를 기다립니다.
* 잘못 만들어진 책은 구입하신 곳에서 바꾸어 드립니다.

KC마크는 이 제품이 공통안전기준에 적합하였음을 의미합니다.
제조국: 대한민국 사용 연령: 8세 이상
책장에 손이 베이지 않게, 모서리에 다치지 않게 주의하세요.

* 본문에 사용된 '인싸', '아싸', '절친'은 신조어로, 국립국어원 우리말샘에 실려 있는 단어입니다.
  아이들의 입말을 살리기 위해 해당 부분에서는 그 표현을 살렸습니다.

1 플라스틱 어택 ★ 6

2 환경 인싸가 되다 ★ 22

3 인싸에서 아싸로 ★ 38

4 플라스틱, 처음에는 친환경이었다 ★ 56

5 PA 특공대, 플라스틱을 몰아내라! ★ 76

❻ 플라스틱 사각지대를 찾아라! ★ 92

❼ 작전 계획 ★ 110

❽ 우리는 원해요 ★ 128

지은이의 말 ★ 143

1 플라스틱 어택

"이거 살까?"

재용이가 초콜릿 과자를 가리켰다. 민우가 가격을 보고 고개를 세차게 흔들었다. 둘은 독수리가 사냥감을 노리듯 눈을 크게 뜨고 슬며시 다른 쪽으로 움직였다.

"이건 어때?"

새로 나온 핑크초코 멜론 맛이었다.

"1,900원이네."

"좋아!"

둘은 보물이라도 발견한 듯 서로 손뼉을 마주쳤다. 민우가 환하게 웃으며 마트 진열대에서 과자를 집어 들었다. 재용이와 민우는 어깨를 들썩이며 계산대로 향했다. 오늘은 과자를 고르는 데 10분도 걸리지 않았다.

천 원짜리 두 장으로 과자 하나 고르는 게 쉽지 않았다. 인기

있는 과자는 대부분 묶음 포장으로만 판매했고, 하나씩 파는 과자는 종류도 몇 개 없고 가격도 비쌌다.

"꼭 과자를 묶어서 팔아야 하나? 비닐봉지에 몇 개씩 다시 포장하는 것도 번거로울 텐데. 쯧!"

"맞아. 하나씩 싸게 팔면 사람들이 더 많이 사 갈 텐데."

"어서 가자. 빨리 맛보고 블로그에 글 올릴 거야. 이거 신제품이거든. 지난주에 새로 나온 과자를 소개했는데 반응이 꽤 좋았어. 사흘 만에 조회 수가 500이 넘었어."

재용이와 민우는 어릴 때부터 같은 아파트에 살았다. 그런 데다가 어린이집부터 초등학교까지 줄곧 같이 다니면서 단짝 친구가 되었다.

둘은 계산을 하고 푸드 코트로 향했다. 뜨거운 햇살이 쏟아지는 여름날, 눈치 보지 않고 에어컨 바람을 마음껏 쐬면서 과자를 먹을 수 있는 곳은 푸드 코트가 단연 최고였다. 게다가 여기는 시원한 물도 마음껏 마실 수 있었다.

"재용아!"

어디선가 익숙한 여자아이 목소리가 들렸다. 재용이와 민우는 잽싸게 고개를 돌렸다. 연두였다. 재용이는 연두 엄마에게 공손히 인사하고, 연두를 보며 밝은 표정으로 걸어갔다.

"여기서 뭐 해?"

연두가 상냥하게 웃으며 먼저 물었다.

"푸드 코트 가서 과자 먹으려고."

재용이가 웃으며 과자를 흔들어 보였다.

"과자! 나 따라오면 과자 실컷 먹을 수 있는데. 같이 갈래?"

"진짜!"

재용이는 신이 난 듯 들떠서 목소리가 올라갔다. 과자를 실컷 먹을 수 있다니 귀가 솔깃했다. 그러나 민우는 관심 없다는 듯 과자를 꼭 쥐고 아무 말도 하지 않았다.

그때 연두 엄마가 슬쩍 다가왔다.

"오늘 3시에 여기서 아주 재미있는 환경 캠페인을 할 거야. '플라스틱 어택(Plastic Attack)'이라고 들어 봤니?"

"플라스틱 어택이요? 새로 나온 게임이에요?"

민우가 눈을 크게 뜨며 고개를 갸웃거렸다. 요즘 유행하는 게임인 케이어택(K-Attack)과 이름이 비슷했기 때문이다.

연두 엄마가 플라스틱 어택에 대해 설명해 주었다. 플라스틱 어택은 물건을 사고 난 뒤, 포장에 사용한 비닐과 플라스틱을

마트에 버리고 내용물만 가져오는 환경 캠페인이었다.

"포장지가 없으면 과자가 부서지지 않나요?"

"그래서 용기를 가져왔어. 여기 봐!"

연두 엄마는 장바구니에서 커다란 용기를 꺼내 보여 주었다. 재용이는 놀란 듯 눈을 동그랗게 뜨고 용기와 연두 엄마를 번갈아 보았다. 민우는 무심히 아래를 쳐다보며 고개만 까딱거렸다.

연두가 민우를 보며 한 발짝 다가왔다.

"같이 가자, 응?"

연두가 애원하듯 말했다. 재용이가 곁눈질로 민우를 쳐다보았다. 민우는 아직 결정하지 못한 듯 눈을 껌벅거리며 입술을 씰룩거렸다. 재용이는 잠시 생각하다가 민우를 보고 씩 웃었다.

"민우야, 플라스틱 어택 하는 사진 찍어서 블로그에 올리는 건 어때? 요즘 사람들이 환경에 관심이 많아서 댓글 반응도 좋고 조회 수도 많이 나오던데?"

"정말? 그럼 그럴까?"

민우의 표정이 순간 밝아졌다. 요즘 민우는 블로그 조회 수 올리는 데 푹 빠져 있었다.

연두 엄마가 앞장서고 셋이 뒤를 따랐다. 재용이는 자기도 모르게 콧노래를 흥얼거렸다. 사실 재용이는 예진부터 연두에게 관심이 있었다. 4학년에 올라가면서 같은 반이 되었지만, 연두는 남자아이들에게 인기가 많아 친해지기 어려웠다.

마트 입구, 물건을 포장하는 매대 주변에 녹색 조끼를 입은 아주머니 몇 명이 있었다. 연두가 다가가 공손히 인사했다. 키 큰 아줌마가 반갑게 맞이하며 손을 흔들었다. 재용이와 민우도 고개를 숙이며 인사했다.

"잘 왔어. 오늘은 연두가 친구까지 데려왔네."

"미래의 지구를 지키는 일인데, 우리가 앞장서야죠."

연두가 또랑또랑한 목소리로 제법 의젓하게 대답했다.

연두 엄마가 녹색 조끼 세 개를 가져와 건넸다.

"제일 작은 걸로 골라 왔는데 그래도 조금 클 거야. 불편하면 안 입어도 돼."

재용이가 먼저 녹색 조끼를 입었다. 조금 헐렁했지만 그런대로 입을 만했다. 하지만 민우는 재용이 차림을 보더니 조끼를 들었다가 바로 내려놓았다.

키 큰 아줌마가 갈색 머리를 찰랑거리며 앞으로 나왔다.

"이제 출동하죠!"

힘 있고 경쾌한 목소리였다.

모두 약속이나 한 듯 장바구니를 들고 마트 안으로 움직였다.

"너희는 나랑 같이 가자."

연두 엄마가 미소를 지으며 일행이 가는 방향으로 세 아이를 이끌었다.

연두 엄마는 과자 코너로 가서 어떤 물건을 사야 하는지 알려 주었다. 재용이와 민우는 설명을 듣고 깜짝 놀랐다.

"묶음 과자랑 박스 과자를 꼭 사야 한다고요?"

민우가 못 믿겠다는 듯 다시 물었다.

"그래, 오늘은 처음이니까 연두랑 같이 다니면서 마음껏 골라 봐. 맛있는 걸로!"

"네!"

둘은 우렁차게 대답하고는 이리저리 돌아다녔다. 민우는 평소 사고 싶어도 비싸서 못 샀던 초코초코 묶음을 담았고, 재용이는 꿀떡파이 대용량 포장 박스를 골랐다.

"와! 이거 너무 재밌다!"

"마음대로 이런 과자를 고를 수 있다니, 믿을 수 없어. 이거 꿈이냐?"

재용이도 기분이 좋은지 말을 하면서도 입을 다물지 못했다. 과자를 담을 때에도 생글생글 웃으며 셀카를 계속 찍었다. 금세 장바구니가 가득 찼다.

계산을 마친 후 포장대로 향했다. 모두 임무가 끝났는지 자리 앞에 바구니를 놓아두었다.

키 큰 아줌마가 갈색 머리를 찰랑거리며 앞으로 나와 사진을 몇 장 찍고는 모두를 향해 큰 소리로 말했다.

"이제 포장을 뜯고 용기에 담아 주세요. 포장지는 종류별로 왼쪽에 두는 거 아시죠?"

말이 떨어지기가 무섭게 모두 제품을 뜯기 시작했다. 내용물은 가져온 용기에 담고, 포장지는 플라스틱, 비닐, 종이로 구분해서 따로 모았다. 몇 개 뜯지도 않았는데 포장지가 수북이 쌓였다. 용기 속에 담긴 내용물은 아주 적었다.

재용이와 민우도 포장을 뜯었다.

"애걔걔, 이게 다야?"

재용이가 포장지를 내려다보다가 용기 안에 든 과자를 보았다. 평소 혼자 먹을 때는 양이 얼마나 되는지 잘 몰랐는데, 용기에 담아 보니 너무 적어서 헛웃음이 나왔다. 민우는 재용이의 표정이 웃긴지 사진을 계속 찍었다.

"진짜 몇 개 안 되네."

민우가 씩 웃으며 과자 하나를 입에 넣었다. 그러더니 과자

광고 노래를 흥얼거리며 과자에 또 손을 뻗었다.

"야, 그만 먹어. 안 그래도 적은데, 더 없어 보이잖아."

연두가 장난치듯 얘기하며 민우 손을 살짝 때렸다. 민우가 재빨리 피하다가 다른 사람이 모아 놓은 포장지 더미를 보았다.

"우아!"

종이 상자, 플라스틱, 비닐봉지 더미가 종류별로 엄청나게 쌓

여 있었다. 냉장고 서너 대를 붙여 놓은 것보다 더 커 보였다. 두 눈으로 직접 보고도 믿을 수 없었다.

"포장지가 이 정도면 과자는 얼마나 될까?"

민우가 조심스럽게 발을 옮겨 용기 안을 들여다보았다. 너무 적었다. 용기의 절반, 아니 반의반도 되지 않았다.

"이게 말이 돼?"

재용이는 쌓아 둔 포장지와 용기에 담긴 과자를 번갈아 보면서 혀를 내둘렀다.

분리 작업이 끝난 후 모두 한자리에 모였다. 갈색 머리 아줌마가 앞으로 또 나왔다.

"자, 이제 우리 함께 구호를 외치겠습니다. 제가 먼저 얘기하면 우렁찬 목소리로 따라 외쳐 주세요."

아줌마는 큰 소리로 당부하고는 곧바로 "지구는 일회용품이 아니다! 썩지 않는 플라스틱 때문에 지구가 망가진다. 우리 모두 플라스틱 사용을 줄이고, 건강한 지구를 만들자!"를 순서대로 외쳤고, 참가자들의 힘찬 함성이 마트 곳곳으로 울려 퍼졌다.

"어! 저기 뭐지?"

재용이가 소리치다 말고 앞을 가리켰다. 재용이가 가리킨 곳에 카메라가 있었다. 카메라 앞에는 빨간 지구 가면을 쓴 사람이 마이크를 들고 있었다.

"파하빨지 오빠잖아? 환경 캠페인 할 때 자주 와. 시작할 때는 숨어서 촬영하다가 끝날 때 불쑥 나타나지."

'파란 하늘, 빨간 지구'라는 채널을 운영하는 유명한 유튜버였다. 구독자도 500만이 넘었다.

"진짜!"

민우가 신기한 듯 카메라를 뚫어지게 쳐다보았다.

"지구를 사랑하는 파하빨지 구독자 여러분, 지금까지 플라스틱 어택 현장을 살펴보았습니다. 이제 참가자 한 명을 만나 보겠습니다. 음, 오늘은 어린 학생도 참가했군요. 지금 바로 만나 볼까요?"

파하빨지가 얘기를 하면서 잰걸음으로 뛰어왔다. 민우 가슴이 콩닥콩닥 뛰었다. 순간 이동 하듯 파하빨지의 마이크가 자신의 눈앞까지 다가왔다. 민우는 온몸이 얼어붙은 듯 꼼짝도 할 수 없었다. 앞이 하얘지며 아무것도 보이지 않았다. 민우가 머뭇거리는 사이 마이크는 재용이 앞으로 옮겨 갔다.

"멋진 녹색 조끼를 입은 우리 어린이 친구를 만나 보겠습니다. 오늘 플라스틱 어택 캠페인에서 무엇을 느꼈나요?"

"과대 포장이 너무 심하다는 것을 알게 되었어요. 과자를 샀는데 플라스틱만 잔뜩 받아 가는 기분이 들어서 불편했어요."

재용이는 카메라를 바라보며 또랑또랑한 목소리로 얘기했다. 민우는 부러운 눈빛으로 친구를 바라보았다. 파하빨지와 재용이는 몇 가지 질문을 더 주고받았다.

"와! 정말 많은 것을 경험하고 느낀 의미 있는 행사였네요. 마지막으로 지구를 사랑하고 걱정하는 파하빨지 구독자에게 해 주고 싶은 말이 있다면, 간단하게 한 마디만 부탁드려요."

"플라스틱 쓰레기 없는 세상에서 살고 싶습니다. 썩지 않는 플라스틱, 이제 쓰지도 말고, 버리지도 맙시다!"

재용이가 말을 끝내며 마지막에는 주먹을 불끈 쥐어 올렸다.

주변에 있던 사람들이 모두 소리치며 손뼉을 쳤다. 연두도 활짝 웃으며 재용이에게 엄지척을 날렸다. 민우는 마음속으로 할 말을 몇 번씩 되뇌며 파하빨지를 기다렸다. 하지만 카메라는 이미 반대쪽으로 떠난 뒤였다.

2

환경 인싸가 되다

"봤어? 걔, 우리 학교 4학년이야. 우리랑 같은 논술 학원 다녀."

"정말!"

"올린 지 3일밖에 안 됐는데 조회 수가 100만을 넘었대!"

논술 수업을 마치고 아이들이 휴게실에 모여 수다를 떨었다. 대화의 중심에 재용이가 있었다. 파하빨지가 만든 영상에 같은 학교에 다니는 아이가 나왔기 때문이다.

재용이와 민우는 수업이 끝나고 교실 밖으로 나왔다. 아이들이 재용이를 보더니 우르르 달려왔다.

"오! 우리 재용이, 인싸 되셨네. 축하축하!"

"이번 여름 방학 숙제로 우리 반은 환경 글짓기를 써야 해. 개학이 3주밖에 안 남았는데, 뭘 쓸지 고민이야. 나 좀 도와줘!"

모두 재용이를 기다렸다는 듯 질문이 소나기처럼 쏟아졌다. 새용이는 끌려가다시피 의자에 앉았지만, 왠지 모르게 기분이 좋았다. 같이 사진을 찍자는 아이, 사인해 달라는 아이도 있었다. 민우는 그런 재용이를 멀뚱멀뚱 바라보다가 조용히 자리에 앉았다.

10분, 20분이 흘러도 질문은 그치지 않았다.

민우는 며칠 전 일을 곰곰이 생각했다. 파하빨지가 다가왔을 때, 자신 있게 말하지 못한 게 못내 아쉬웠다.

'기회가 다시 온다면 잘할 수 있을까?'

혼자 질문을 던지고는 고개를 세차게 흔들었다. 마이크 앞에서 제대로 말할 자신이 없었다.

'그래. 잊자.'

민우는 아무 일 없었던 것처럼 씩 웃으며 재용이에게 고개를 돌렸다. 재용이는 아이들의 질문에 막힘없이 술술 얘기했다. 지구 환경에 대해 꽤 많이 아는 듯 보였다.

'제법인데! 재용이가 환경에 대해 저렇게 많이 알았나?'

이런 생각을 하자, 논술 학원에서 환경 책이 재미없다고 안 읽은 게 후회가 됐다.

'맞아. 아는 게 있어야 말도 할 수 있지. 기회는 언제나 준비된 자에게 온다고 하잖아. 오늘부터 환경 책을 읽자. 파이팅!'

혼자 반성하면서 마음속으로 '파이팅!'을 여러 번 외쳤다.

"민우야, 가자!"

벌써 얘기가 끝났는지 재용이가 앞에 서 있었다.

"어! 어, 알았어."

민우는 말을 더듬거렸다. 재용이한테 마음을 들킨 것 같아 조금 부끄러웠다.

메에에에엠. 메에에에엠.

매미 소리가 귀를 찌를 듯 울려 퍼졌다. 숨을 쉴 때마다 뜨거운 바람이 훅 밀려왔다. 재용이는 발걸음이 가벼웠다. 신이 나는지 매미 소리에 맞춰 콧노래까지 흥얼거렸다.

"와! 500만 유튜버라더니, 정말 대단해. 덕분에 나까지 인싸가 됐어. 너도 봤지?"

"응, 봤어."

민우의 대답은 짧고 어눌했다. 휴게실에서 이미 30분 넘게 재용이가 나온 동영상에 대해 들었다. 푹푹 찌는 더위에 같은 얘기를 또 듣고 싶지 않았다. 민우가 입을 꾹 다물자, 둘은 건널목이 보일 때까지 한동안 말없이 걸었다. 어색한 기운이 둘 사이에 흘렀다. 냉랭한 분위기를 바꿔 보려고 재용이가 먼저 말을 꺼냈다.

"저기 갈래?"

손으로 앞을 가리켰다. 플러스 마트 간판이 손톱만큼 작게 보였다.

"저기를 어떻게 가? 조회 수 100만 넘었다며. 게다가 네 얼굴도 나왔잖아."

"맞네. 당분간 플러스 마트에는 못 가겠다. 어떡하지?"

재용이도 동영상에 달린 댓글을 오전에 읽었다. 자신을 응원하는 댓글도 많았지만, 플러스 마트를 비난하는 글이 꽤 많았다. 학원 오기 전까지 달린 댓글만 200개가 넘었다.

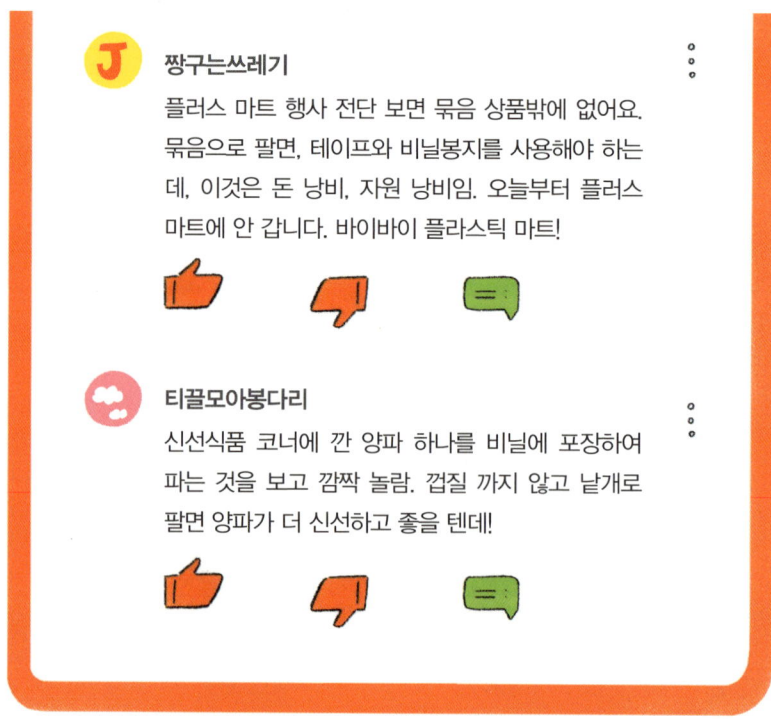

"할 수 없네. 오늘은 편의점 가자. 1+1 상품도 잘 살펴보면 좋은 게 있을 거야."

"응."

민우가 짧게 대답하며 고개만 까딱거렸다.

재용이는 마음이 쓸쓸했다. 민우의 장래 희망 중 하나가 유튜버였다. 얼떨결에 일어난 일이라 해도 자신이 파하빨지 영상에 나와 인싸가 되었다는 게 민우에게 미안했다.

둘은 편의점에 잠깐 들렀다가, 아파트 관리 사무소 앞에서 어색하게 헤어졌다. 재용이는 집으로 가는 길에 104동 앞 벤치에 앉았다. 집 근처라 와이파이 신호가 약하게 잡혔다. 스마트폰을 열어 파하빨지 채널에 들어갔다. 조회 수는 벌써 130만이 넘었다. 댓글도 50개가 더 늘었다. 재용이는 빠른 속도로 댓글을 읽다가 깜짝 놀랐다.

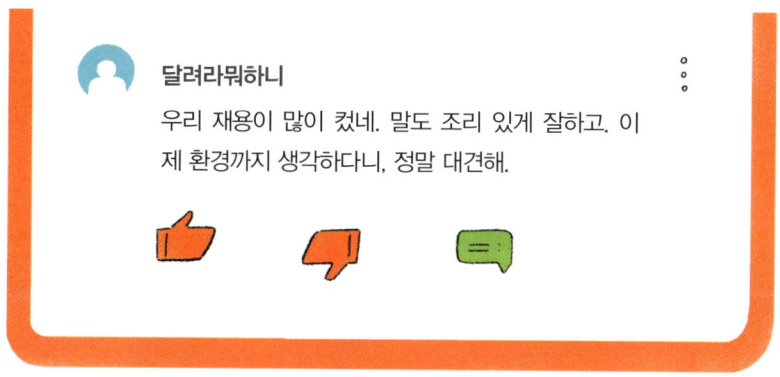

"우리 재용이라고? 도대체 누구지?"

아는 사람이 분명했다. 갑자기 머릿속이 복잡해졌다. 엄마 친구? 친척? 아니면 아빠 동창? 눈앞에서 수많은 얼굴이 차례로 떠올랐지만, 도무지 감을 잡을 수 없었다.

"내가 무슨 말을 했더라?"

영상을 몇 번이나 봤지만, 자신이 한 말이 정확하게 기억나지 않았다. 영상을 돌려 자신이 나온 부분을 찾아 보았다.
"플라스틱 쓰레기 없는 세상에서 살고 싶습니다. 썩지 않는 플라스틱, 이제 쓰지도 말고, 버리지도 맙시다!"
여러 번 곱씹었다. 다른 사람이 봤다면 엄마도 봤을 가능성이

컸다. 엄마 얼굴이 불쑥 떠올랐다. 엄마 잔소리가 귓바퀴를 후벼 파면서 빠르게 스쳐 지나갔다.

"재용아, 분리수거 좀 제대로 할 수 없니? 네가 먹은 건 네가 치워야지!"

뭔가 머리를 세게 치고 간 느낌이 들었다. 한참 동안 엄마의 목소리가 귓가에서 사라지지 않았다.

"어떡하지? 엄마한테 봤냐고 물어볼까? 아니지. 아직 안 봤는데, 괜히 물어봤다가 더 귀찮아질 수도 있어."

혼잣말하며 천천히 일어났다. 이런저런 생각에 빠져 아파트 공동 현관까지 느릿느릿 걸어갔다.

"아! 맞다."

책상 밑에 있는 휴지통이 떠올랐다. 수북이 쌓인 과자 봉지 사이에 이리저리 끼워 놓은 음료병, 빈틈을 노리고 꽂아 둔 아이스크림 컵과 숟가락. 생각만 해도 한숨이 나왔다. 휴지통이 아니라 플라스틱 쓰레기 무덤이라고 해야 할까? 집에 들어가자마자 엄마 몰래 재빨리 치워야겠다고 생각했다.

집에 들어서자마자 큰 소리로 인사하고 방 안으로 쏙 들어갔다.

"우리 아들 왔어!"

매일 듣는 엄마 목소리가 오늘은 새삼 다르게 와 닿았다.

재용이는 문틈으로 조심스럽게 밖을 살폈다. 그릇이 잘그락잘그락 부딪치는 소리가 났다.

책상 아래로 몸을 숙여 휴지통을 살폈다. 혹시나 했지만 역시나 예상은 빗나가지 않았다. 휴지통은 쓰레기로 만든 눈사람 같았다. 피식 웃음이 났다. 파하빨지 앞에서 자신 있게 했던 말이 떠올라 얼굴이 달아올랐다.

"이 많은 쓰레기를 어떻게 치우지?"

쓰레기 눈사람을 뚫어지게 쳐다봤지만, 엄청난 쓰레기를 한 번에 사라지게 할 마법 따위는 없었다.

"재용아, 간식 먹어."

"네!"

큰 소리로 대답하고, 발로 휴지통을 살짝 밀어 넣었다. 그러자 컴퓨터 본체와 부딪히면서 쓰레기가 와르르 쏟아졌다.

"어쩌지?"

얼른 가지 않으면 엄마가 방에 올 것 같았다. 일단은 나가는 게 제일 현명한 방법이었다.

"에잇, 모르겠다."

잽싸게 뛰어가 앉았다. 식탁에 빨간 토마토가 있었다. 엄마랑 눈도 마주치지 않고 허겁지겁 먹기 시작했다. 엄마가 뭔가 할 말이 있는 듯 생글생글 웃으며 재용이 주변을 맴돌았다.

"천천히 좀 먹어!"

"잘 먹었습니다."

다 먹고 일어나는 데 1분도 걸리지 않았다. 뒤도 돌아보지 않고 방으로 곧장 들어갔다. 엄마가 뒤에서 웃는 것 같았지만, 돌아볼 수 없었다.

넘어진 휴지통을 세우고 봉지와 음료병을 주워 담았다. 몸을 실어 손으로 가운데를 꾹 눌렀다. 변신 로봇처럼 쓰레기 눈사람이 온데간데없이 사라졌다.

휴지통을 노려보며 곰곰이 생각했다.

'솔직히 말하고, 오늘부터 내가 재활용 쓰레기 분리수거 담당하겠다고 할까? 아니지. 가끔 재활용 쓰레기를 버리고 오면 아빠가 용돈을 주시는데.'

결정을 못 내리고 있을 때 엄마가 문을 두드렸다.

"재용아, 잠깐 들어가도 돼?"

"네."

휴지통을 안으로 밀어 넣자마자 엄마가 씩 웃으며 들어왔다. 엄마의 눈이 책상 아래로 향했다.

"휴지통 비워 줄게. 휴지통 어디 있어?"

"휴, 휴지통이요? 제, 제가 비울게요."

재용이는 말을 더듬거리며 발로 휴지통을 깊숙이 더 밀었다. 포기할 엄마가 아니었다. 성큼성큼 다가와 휴지통을 꺼냈다.

"우리 아드님이 휴지통을 꼭꼭 숨겨 놓으셨네요."

뭔가 아시는 걸까? 평소와 조금 다른 말투였다. 게다가 존댓말까지……. 재용이는 긴장이 됐다.

엄마가 휴지통 안을 보면서 큰 소리로 얘기했다.

"방에서 공부를 하는 거니? 먹기만 하는 거니? 빵 봉지, 과자 봉지, 음료병……. 완전 플라스틱 쓰레기 천국이네."

머릿속이 복잡했다. 플라스틱 천국? 엄마 입에서 이런 단어는 처음이었다. 동영상을 본 게 틀림없었다.

"엄, 엄마, 혹시 그거 보셨어요?"

기어들어 가는 목소리로 조심스럽게 물었다.

"나도 플라스틱 쓰레기 없는 세상에서 살고 싶어. 썩지 않는 플라스틱, 이제 쓰지도 말고, 제발 버리지도 말아 줄래?"

엄마가 재용이의 말투를 흉내 내며 말했다.

"안 그래도 오늘부터 제가 우리 집 분리수거를 맡으려고 했어요."

"그게 정말이니?"

엄마가 놀란 듯 휴지통을 보다가 고개를 번쩍 들어 올렸다.

"네, 지금부터 제가 할게요."

"그럼 엄마, 아빠는 이제 분리수거 신경 안 써도 되는 거지?"

재용이는 고개를 끄덕였다. 엄마는 몇 번을 다짐받고는 콧노래를 부르면서 방을 나갔다.

3

인싸에서 아싸로

"만세!"

민우는 스마트폰을 들고 소파에서 벌떡 일어나 두 손을 번쩍 들었다. 마지막 전투에서 대장까지 깔끔하게 물리쳤다. 우울한 기분을 날리고 싶을 때는 역시 게임만 한 게 없었다.

"게임 끝났어?"

"네. 마지막에 정말 힘들었는데, 겨우 이겼어요."

민우는 어깨를 들썩이며 엄마를 향해 스마트폰을 자랑스럽게 들어 보였다.

평소 같으면 이 시간에 게임은 어림도 없었다. 하지만 현관에 들어설 때 엄마가 민우의 침울한 표정을 보고 이유를 캐물었다. 민우가 논술 학원에서 있었던 일을 털어놓자, 엄마는 딱 한 시간 동안 게임을 허락해 주었다.

"참, 네가 말한 책 주문했어. 내일 도착할 거야."

"벌써요! 무슨 책 샀어요?"

"지구 온난화 때문인지 요즘은 탄소중립과 관련된 책이 많던데. 재미있는 시리즈로 하나 골라 놨어."

"시리즈요? 몇 권이에요?"

민우가 약간 겁을 먹은 듯 눈을 동그랗게 떴다.

"5권짜리 시리즈야. 리뷰를 보니까 재미있다는 댓글이 많더라. 너무 걱정 안 해도 될 거야."

"네. 알았어요."

민우는 미소를 지으며 주방으로 가 냉장고에서 생수 한 병을 꺼냈다.

방으로 온 민우는 의자에 앉아 책장을 훑어보았다. 아빠가 골라 준 역사 만화책이 꽂혀 있었다. 눈을 크게 뜨고 환경에 대한 책을 찾아보았지만, 책장에 환경 책은 하나도 없었다.

"뭐 하지?"

혼잣말하며 생수를 몇 모금 들이켰다. 그러곤 생수병을 빙빙 돌리다가 라벨을 보게 되었다.

"풉!"

라벨에 적힌 문구를 읽고 웃음이 났다. 이름만 '△△산 생수'였지, 만든 곳은 도시였다. 게다가 건강한 물만 담았다는 큰 글

씨가 선명했다.

"건강한 물, 안 건강한 물이 따로 있나?"

혼자 키득키득 웃으면서 스마트폰을 꺼냈다. '안 건강한 물'이 있는지 궁금해져 검색창에 '안 건강한 물, 생수'라고 쳤다. 설마 설마했는데, 검색 결과가 끝도 없이 이어졌다.

"이렇게 많아?"

눈을 크게 뜨고 게시물들을 하나씩 읽었다. '미세 플라스틱'에 대한 내용이 많았다.

"미세 플라스틱? 이건 또 뭐지?"

이번에는 미세 플라스틱으로 검색해 보았다.

민우는 글을 몇 개 읽다가 깜짝 놀라며 자세를 고쳐 앉았다. 생수병에 엄청나게 많은 미세 플라스틱이 들어 있다는 내용을 보았기 때문이다. 게다가 우리가 1주일에 5그램 정도의 미세 플라스틱을 먹는다는 사실도 충격적이었다. 5그램이면 플라스틱 카드 한 장 정도였다.

서랍에서 교통 카드를 꺼내 가로, 세로, 두께를 재 보았다. 가로 8.5센티미터, 세로 5.4센티미터, 두께는 1밀리미터 정도였다.

"매주 이만큼씩 먹는다고?"

보면서도 믿을 수 없었다. 이렇게 많은 양의 미세 플라스틱을 매주 먹는다는 사실이 믿기지 않았다. 미세 플라스틱은 대부분 오줌으로 배출되지만, 일부는 혈관을 타고 뇌나 폐 같은 장기에 쌓일 수도 있어 나중에는 큰 병을 일으킬 수 있다는 경고의 말도 있었다.

미세 플라스틱이 어디서, 어떻게 나오는지 궁금했다. 민우는 계속해서 검색창을 두드렸다. 미세 플라스틱이 나오는 곳은 한두 곳이 아니었다. 생수병 뚜껑을 딸 때, 종이컵에 뜨거운 물을 부을 때, 플라스틱이 들어간 옷을 세탁할 때, 심지어 자동차 타이어가 도로에 닿을 때에도 미세 플라스틱이 나왔다. 세상은 그야말로 미세 플라스틱 천국이었다.

"엄마! 엄마!"

민우는 큰일이라도 난 듯 소리치며 거실로 달려가 엄마에게 미세 플라스틱에 대해 모두 설명했다. 특히 세탁할 때와 생수병의 물을 마실 때를 강조했다.

"음, 여름이라 빨래가 많이 나오는데. 세탁하는 횟수를 줄여 볼게. 그런데 생수는 어떡하지? 정수기를 바로 살 수도 없고. 번거롭지만 당분간 물을 끓여 마셔야겠네."

"네!"

민우는 게임에서 끝판왕을 물리칠 때의 기분처럼 경쾌하게 대답했다.

재용이는 저녁을 먹고 힘없이 식탁에서 일어났다. 할 일이 하나 더 늘었을 뿐인데, 지난주와는 완전히 다른 금요일 밤이 되었다. 월요일, 수요일, 금요일 밤마다 재활용 쓰레기를 버려야 하기 때문이었다.

"파이팅!"

아빠가 재용이를 보며 응원했다.

재용이는 천천히 현관 앞으로 걸어갔다. 재활용 쓰레기통은 이미 가득 차 있었다.

"헉, 이렇게 많아?"

쓰레기통 두 개가 꽉 차 있었다. 이틀 치가 이렇게 많다는 게 믿기지 않았다. 뭉그적거리며 안을 들여다봤다. 뚜껑이 열린 샴푸 통, 음료 페트병, 과자 봉지, 구겨진 종이봉투 등 온갖 잡

동사니가 옹기종기 모여 있었다. 떨어뜨리지 않게 조심하면서 쓰레기통을 양쪽 어깨에 걸치고 분리수거장까지 갔다.
 "웩!"
 바람이 불자 고약한 냄새가 코를 찔렀다. 재활용 쓰레기뿐 아니라 종량제 쓰레기, 음식물 쓰레기, 전자 제품 폐기물, 헌 옷 수거함까지 모두 있었다. 재용이는 재활용 쓰레기통을 내려놓

고 왼쪽부터 쭉 살폈다.

"휴."

한숨이 나왔다. 재활용 쓰레기의 종류는 너무 많았다. 종이, 비닐, 고철, 전구, 페트병, 유리병, 형광등, 플라스틱, 스티로폼, 알루미늄까지 세세하게 나뉘어 있었다.

재용이는 쓰레기통을 다시 들고 손에 잡히는 순서대로 하나씩 버렸다. 이리저리 왔다 갔다 하면서 농구공을 골대에 넣듯 재활용 쓰레기들을 던졌다. 투명 페트병을 버리는 게 제일 힘들었다. 라벨을 떼고 최대한 꽉 눌러 뚜껑을 닫은 뒤, 라벨은 비닐 쪽에, 통은 페트 쪽에 버려야 했기 때문이다. 쓰레기통 두 개를 비우는 데 20분도 넘게 걸렸다.

"어휴, 힘들어."

재용이는 이마에 흐르는 땀을 닦으며 다시 집으로 올라갔다.

화요일 오후, 논술 학원 휴게실에는 지난주보다 더 많은 아이들이 모였다. 뒤늦게 동영상을 본 아이들까지 몰려와 재용이의 얘기를 들었다. 신이 난 재용이는 어깨를 들썩이며 목청을 높였다. 아이들의 질문이 잦아들자, 재용이는 재활용 쓰레기 분리수거에 대해 얘기했다.

"직접 가서 보면 깜짝 놀랄 거야. 재활용 쓰레기가 넘쳐 나거든. 플라스틱을 쓸 때마다 지구가 병들어 가는 것 같아. 아픈 지구를 다시 살리려면 플라스틱 사용을 줄이는 게 가장 좋은 방법이야."

모두 재용이의 말에 고개를 끄덕였다.

"형, 이것도 나빠? 여기 '지구를 살리는 착한 물, 맑고 깨끗한 생수'라고 적혀 있는데?"

2학년 남자아이가 손에 쥔 생수병을 들어 보이며 물었다.

"당연하지. 안에 든 물은 깨끗할지 몰라도 생수병은 플라스틱이잖아. 플라스틱은 무려 500년 동안 썩지 않아."

재용이는 페트병 분리 방법에 대해 더 얘기하려는데, 끝에 앉은 3학년 여자아이가 고개를 갸웃거리며 말했다.

"어? 근데 페트병 안에 든 생수에도 안 좋은 게 들어 있다던데……. 미, 미…… 뭐였더라. 아무튼, 엄마가 먹지 말라고 했어."

"정말! 생수에도?"

재용이는 조금 놀란 듯 말을 더듬거렸다. 재용이가 당황하자 모두 수군거리며 한 마디씩 했다.

"다 아는 줄 알았는데, 형도 모르는 게 있네."

"나도 들은 것 같은데. 그게 뭐더라?"

재용이가 우물쭈물해하는 사이, 민우가 쑥스럽게 웃으며 고개를 내밀었다.

"재용아, 미세 플라스틱 말하려고 한 거 아냐?"

"어…… 어, 맞아. 미세 플라스틱."

재용이가 삐질삐질 땀을 흘리며 겨우 대답했지만, 미세 플라스틱에 대해서는 설명하지 못했다. 대신 민우가 미세 플라스틱이 뭔지, 어디서 나오는지, 왜 위험한지 자세히 알려 주었다. 민우의 설명이 길어질수록 재용이의 얼굴은 벌겋게 변했다. 어떤

아이는 노트를 꺼내 민우의 설명을 받아 적었다.

재용이는 허탈한 표정을 지으며 고개를 숙였다. 민우가 자신을 일부러 곤란하게 만든 건 아니지만, 오늘부로 '환경 인싸'라는 말과는 영원히 이별했다는 생각이 들었다.

'민우가 환경에 대해 저렇게 많이 알았나?'

민우의 당당한 목소리가 귓바퀴를 맴돌고 지나갔다. 민우 목소리가 들릴 때마다 조금씩 짜증이 밀려왔다.

학원 수업이 끝난 뒤, 재용이와 민우는 함께 학원에서 나왔다. 뙤약볕에 몇 걸음 걷지 않았는데 재용이의 이마에서 땀이 흘러내렸다. 둘은 건널목 앞에 이르렀다.

"민우야, 나 문구점에서 살 게 있어서 먼저 갈게."

재용이가 어색하게 인사하며 반대 방향을 가리켰다. 민우는 아무 일 없다는 듯 웃으며 고개를 끄덕였다.

재용이는 먼 길을 돌아 아파트 안으로 들어갔다. 분리수거장을 보자 플라스틱 쓰레기가 생각났다.

'혹시?'

재용이는 가까운 벤치로 가 스마트폰을 꺼내고 페트병과 미세 플라스틱에 대해 검색했다. 다양한 자료가 나왔다.

검색 결과를 보면서 고개를 끄덕였다. 조금 너 관심을 두고 공부했다면 오늘 같은 일은 일어나지 않았을 거라는 생각이 들었다.

"맞아, 지금도 안 늦었어."

재용이는 코를 막고 재활용 분리수거장으로 들어갔다. 숨을 참으며 스마트폰으로 재활용 분리 품목을 하나씩 찍었다. 그런 다음 곧장 집으로 가 노트를 펴고 사진을 보면서 하나씩 적었다. 미세 플라스틱에 대해서도 다시 알아보았다. 민우의 설명이 모두 사실이었다. 재용이는 플라스틱 종류에 대해서도 다시 찾아보았다.

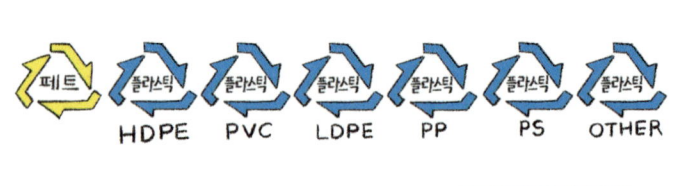

"이렇게나 많다고?"

게다가 어떤 플라스틱은 열을 받으면 발암 물질과 환경 호르몬이 나왔다. 재용이는 하나씩 살펴보면서 꼼꼼히 정리했다.

오후 4시부터 시작한 요점 정리는 6시가 되어서야 겨우 끝났다. 거실로 나온 재용이에게 엄마가 냉장고에서 김치 통을 꺼내며 말했다.

"방에서 꼼짝도 안 하던데, 방학 숙제가 많아?"

"아뇨. 플라스틱에 대해 정리하고 있었어요."

재용이는 김치 통을 보자 랩이 생각났다.

"참, 엄마, 랩 어디 있어요?"

"랩? 전기밥솥 아래 서랍에 있을 거야."

서랍에서 찾은 랩은 PVC 랩이 아닌 무독성 PE 랩이었다.

"휴! 다행이네요."

재용이는 PVC와 PE의 차이를 엄마에게 설명하며 플라스틱의 종류에 대해 알게 된 이야기를 들려주었다. 그리고 방으로 뛰어가 프린트한 자료를 엄마에게 보여 주었다.

"나쁘다는 건 알았지만 이 정도일 줄은 정말 몰랐어. 플라스틱 종류가 참 많네. 이거 안 봤으면 지금까지 몰랐을 거야. 이거 주방에 붙여 놔도 되지? 깔끔하게 정리 잘했네."

엄마의 칭찬에 재용이는 기분이 좋아졌다. 어른도 모르는 게 있다는 사실이 놀랍고 신기했다.

재용이는 방으로 가다가 무언가 떠올랐다. 어른도 모르는 내용이라면 친구들, 특히 환경에 관심이 많은 연두도 모를 것 같았다.

'연두에게 이 자료를 보내 주면 좋아하겠지?'

곧바로 재용이는 채팅 창을 열고 메시지를 보냈다.

안녕, 잘 있었니? 지난번 플라스틱 어택 캠페인에 참가하고 나서 플라스틱에 대해 더 알아봤어. 내가 정리한 자료 보내. 너도 같이 보면 좋을 것 같아서. ^.^

재용

파일을 보내고 10분, 20분이 지나도 연두에게선 답장이 오지 않았다.

'10시밖에 안 됐는데 벌써 자는 건가?'

자기 전까지 수없이 채팅 방을 들락거렸지만, 연두는 아직 보지 못했는지, 보낸 파일 옆 숫자 '1'이 남아 있었다.

4

플라스틱, 처음에는 친환경이었다

금요일 저녁, 재용이는 밥을 먹기 전에 재활용 쓰레기부터 버렸다. 가벼운 발걸음으로 빈 쓰레기통 두 개를 양쪽 어깨에 걸치고 씩씩하게 들어왔다.

"수고했어. 오늘 치킨 어때?"

아빠가 엄마 눈치를 살피며 말했다.

"아뇨! 안 먹을래요."

"진짜? 치킨을 안 먹겠다고!"

아빠가 놀란 눈으로 재용이를 보았다. 재용이는 지금까지 치킨을 거부한 적이 한 번도 없었다. 하지만 재활용 분리수거를 하다 보니 쓰레기가 나오는 게 점점 싫어졌다. 특히 치킨은 플라스틱 쓰레기가 많이 나왔다. 박스를 담은 비닐봉지, 치킨 무를 넣은 플라스틱 용기, 각종 소스를 담은 비닐 포장, 1.5리터 콜라병까지 모두 플라스틱 쓰레기였다.

지잉, 지잉, 지잉.

주머니 속 스마트폰이 세차게 떨렸다. 재용이는 쓰레기통을 얼른 내려놓고 방으로 뛰어갔다.

"얘기하다 말고 어디 가?"

"진짜 안 먹어요. 그냥 밥 주세요."

재용이는 방문을 닫으며 건성건성 대답하고 곧장 스마트폰을 확인했다. 기다리던 연두의 답장이었다.

연두

할머니 댁에 갔다 왔어. 폰을 두고 가는 바람에 이제야 봤어. 정리 깔끔하게 잘했네. ♥
네가 환경에 이만큼 관심 있는지 몰랐어.
내일 환경 교육 센터에 교육받으러 갈 건데, 같이 갈래?

좋아. 내일 시간 돼.

재용

연두

내일 오후 1시부터 3시까지야. 환경 교육 센터는 플러스 마트 건너편 골목에 있어. 약도 보낼게.
그럼, 내일 봐. ♥♥♥

좋아.

재용

재용이는 연두가 남긴 하트 표시를 보며 고개를 갸웃거렸다.
"이건 무슨 뜻이지?"
아무리 생각해도 무슨 뜻인지 알 수 없었다.

다음 날, 재용이는 점심을 서둘러 먹고 방으로 들어가려는데, 엄마가 불렀다.
"오후에 마트 갈 건데, 같이 갈래?"
"아뇨. 환경 교육 센터에 교육받으러 갈 거예요."
"환경 교육 센터! 혼자?"
"친구랑 가요."
"친구 누구? 민우?"
"있어요. 같은 반 친구요."
재용이는 제일 좋아하는 옷을 챙겨 입고, 가방에 생수병을 넣었다가 다시 뺐다. 생수병 대신 물통을 가져가는 게 연두가 더 좋아힐 것 같았다.

경쾌한 걸음으로 집을 나섰다. 연두와 단둘이 뭔가를 한다는 게 기분이 좋았다. 편의점 앞을 지나다가 유리창 앞에 서서 옷 매무새를 다시 살폈다. 활짝 웃으면서 유리창에 비친 자신의 표정을 보았다.

플러스 마트를 지나 골목으로 들어가자, '환경 교육 센터' 간판이 보였다. 엘리베이터를 탈지, 계단으로 올라갈지 살짝 고민했지만, 옷이 땀에 달라붙어 엘리베이터 버튼을 눌렀다.

3층에 도착하니 또래로 보이는 아이들이 벽에 붙은 포스터를 보고 있었다. 재용이도 아이들 틈을 비집고 들어갔다. 환경 교육 일정을 안내하는 포스터였다. 맨 아래 '어린이 청소년 활동가 모집' 안내도 보였다. 세 명 이상 구성된 팀으로 환경 캠페인 활동을 열심히 하면 12월에 상을 준다는 내용이었다. 1등 팀에게 무려 도서 상품권 50만 원을 부상으로 걸었다.

"50만 원!"

재용이는 혼잣말하면서 '50만 원'이라는 글자를 뚫어지게 보았다. 잠시 생각했지만, 마땅한 게 떠오르지 않았다.

재용이는 콧노래를 부르며 강의실로 들어가 연두를 찾았다. 앞자리에 연두가 있었다. 재용이는 미소를 지으며 걸음을 빨리하다가 깜짝 놀란 듯 멈췄다. 연두 옆자리에 민우가 앉아 있었다.

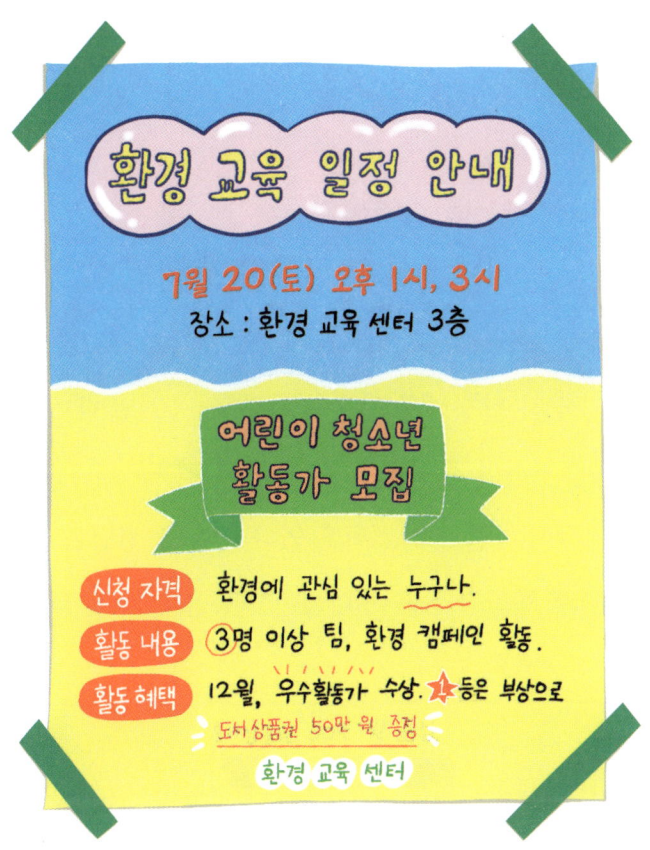

"재용아, 여기!"

벽에 걸린 시계를 보다가 재용이와 눈이 마주친 연두가 반갑게 웃으며 손을 흔들었다. 재용이는 어색한 표정을 지으며 연두 옆에 앉았다. 민우도 재용이에게 인사했지만, 눈을 똑바로 맞추지 않았다.

"뭐지? 둘이 서로 연락 안 한 거야? 절친이라 당연히 연락한

줄 알았는데."

 연두가 말하면서 양쪽을 번갈아 보았다.

"연락하려고 했는데, 깜빡했어."

 재용이가 말을 더듬거리며 난감한 표정을 지었다. 민우도 재용이 말에 맞장구치듯 고개를 끄덕이며 능청을 떨었다.

 잠시 후, 강사 선생님이 앞으로 나왔다. 움직일 때마다 긴 생머리가 찰랑거리며 하얀색 셔츠에 살짝살짝 닿았다. 오늘 강의 제목은 '세상에 착한 플라스틱은 없다'였다. 선생님은 플라스틱이 왜 나쁜지, 인간과 동물에 미치는 영향을 먼저 설명했다.

"사실, 플라스틱이 발명 초기부터 생명과 지구 환경을 위협하는 물질은 아니었어요. 오히려 처음에는 친환경에서 시작했다고 해야 할까요?"

선생님의 말이 끝나기가 무섭게 모두 깜짝 놀라며 한마디씩 던졌다.

"정말요?"

"믿을 수 없어요. 플라스틱이 어떻게 친환경이에요?"

"말도 안 돼요!"

선생님은 이미 예상했다는 듯 고개를 끄덕이며 앞으로 나왔다. 그러고는 차근차근 이유를 설명했다. 아이들은 귀를 쫑긋 세우고 집중했다.

플라스틱이 발명되었을 때, 많은 사람이 플라스틱을 신이 내려 준 선물이라고 생각했어요. 플라스틱은 가볍고 단단하며 변형이 쉬워 어떤 물건이든 만들 수 있었기 때문이죠. 20세기 초까지 당구공, 피아노 건반, 체스 말, 공예품 등은 코끼리 상아로 만들었어요. 플라스틱의 발명 덕분에 수많은 코끼리를 살릴 수 있었죠.

"와! 플라스틱이 코끼리를 살렸다니……."

"옛날에 피아노 건반도 코끼리 상아로 만들었어?"

"요즘은 피아노 건반도 다 플라스틱이잖아."

아이들은 모두 놀란 듯 서로 쳐다보며 숙덕거렸다.

강사 선생님은 처음 보는 그림을 대형 스크린에 띄웠다. 죽은 새를 그린 그림 같았지만, 플라스틱을 먹고 죽은 앨버트로스를 표현한 그림 작품이었다. 새 부리와 머리, 알록달록한 플라스틱 조각과 수많은 병뚜껑을 깃털로 덮은 형태였다. 선생님의 설명을 들으며 아이들은 얼굴을 찌푸렸다.

다음 그림은 비닐과 플라스틱을 먹고 죽은 고래의 모습이었다. 쓰레기봉투, 플라스틱 접시, 어망 등 다양한 플라스틱 쓰레기가 무려 22킬로그램이나 되었다. 모두 보고도 믿지 못하겠다는 듯 혀를 내두르며 고개를 흔들었다.

"선생님, 저도 얼마 전에 코에 빨대가 꽂힌 거북이를 구출해 주는 영상을 봤어요. 너무 마음이 아팠어요."

한 아이가 손을 들고 말했다.

"맞아요. 우리가 버린 플라스틱 쓰레기가 바다로 흘러가기 때문이지요. 그래서 많은 해양 생물이 피해를 보는 거예요. 이런 쓰레기가 바다에 얼마나 있을까요?"

선생님은 얘기하면서 그림 자료를 또 보여 주었다. 바다에 떠다니는 엄청난 크기의 플라스틱섬이었다.

태평양 쓰레기섬

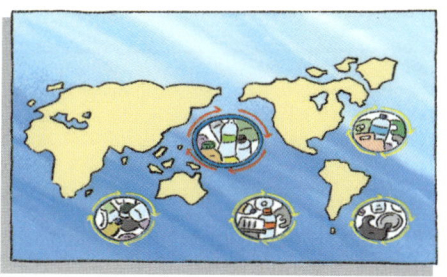

전 세계 해양에 떠 있는 다섯 개의 쓰레기섬

아이들 모두 충격에 빠졌다. 바다에 생긴 플라스틱섬이 너무 컸고, 무려 다섯 개나 되었다. 플라스틱섬에 대한 강사 선생님의 설명이 이어졌다.

플라스틱섬은 1997년에 처음 발견했어요.
크기는 대한민국의 16배인 160제곱킬로미터 정도였어요.
바다로 흘러가는 플라스틱 쓰레기는
1950년대부터 10년마다 10배씩 증가했어요.
플라스틱 쓰레기는 수많은 해양 동물에게
피해를 주었어요.

"자, 이번 문제는 정답 맞히는 사람에게 선물이 있습니다. 모두 집중하세요! 플라스틱 쓰레기의 가장 큰 문제점은 무엇일까요?"

강사 선생님이 플라스틱섬을 가리키며 질문을 던졌다. 앞에 앉은 재용이가 번쩍 손을 들었다. 민우도 손을 들었지만, 조금 늦었다.

"플라스틱은 500년 이상 썩지 않고, 미세 플라스틱이 되어 사람에게도 피해를 줍니다."

"오! 정확하게 맞혔네요."

선생님이 손짓하자, 재용이가 앞으로 걸어가 하얀 봉투를 받았다. 연두가 활짝 웃으며 재용이를 향해 엄지손가락을 치켜올렸다.

바다에 둥둥 떠다니는 플라스틱은 오랫동안 썩지 않고 파도에 부딪히면서 미세 플라스틱으로 변해요. 물고기는 플랑크톤만큼 작은 미세 플라스틱을 먹이로 착각하고 먹어요. 이런 물고기를 먹게 되면, 사람의 몸속에 플라스틱이 쌓여요. 플라스틱섬 주변에서 잡힌 물고기 중 35퍼센트가 뱃속에 미세 플라스틱이 있었답니다.

 선생님은 미세 플라스틱에 대해 설명한 뒤, 잠시 우울한 표정을 지으며 모두를 쳐다보았다. 뭔가 심각한 이야기를 하려는 것 같았다.

 "여러분, 전 세계에서 1인당 플라스틱 소비가 가장 많은 나라는 어디일까요? 이번 문제에도 선물이 걸려 있습니다."

 "중국 아닌가요?"

 "미국일 것 같은데요."

 한 사람씩 손을 들며 답을 외쳤지만, 모두 정답이 아니었다.

 민우는 고개를 갸웃거리며 자신 없다는 표정으로 조심스럽게 손을 들었다.

 "저…… 우리나라 아닌가요?"

 "네, 맞아요."

국가별 1인당 연간 플라스틱 소비량
(2016. 기준)

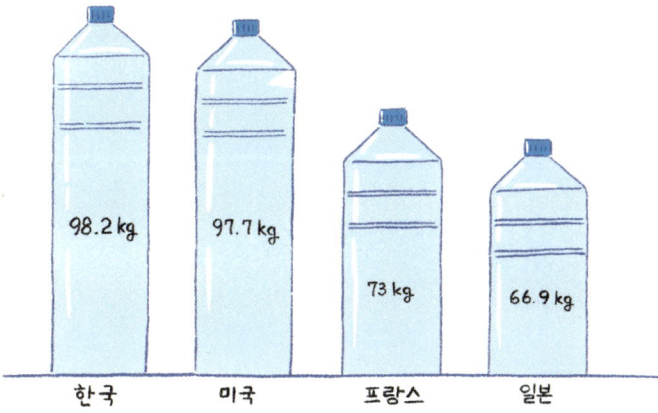

2016년, 국가별 1인당 연간 플라스틱 소비량은 일본(66.9킬로그램), 프랑스(73킬로그램), 미국(97.7킬로그램)을 제치고 한국이 1위(98.2킬로그램)였어요. 2017년, 국제 환경단체 그린피스는 대한민국에서 사용한 플라스틱 제품을 자세히 조사했어요. 비닐봉지는 235억 개(46만 9,200톤), 페트병 49억 개(7만 1,400톤), 플라스틱 컵 33억 개(4만 5,900톤)였어요.
1인당 연평균 비닐봉지 460개(9.2킬로그램), 페트병 96개(1.4킬로그램), 플라스틱 컵 65개(0.9킬로그램)를 사용했어요.

선생님은 차분하게 말하며 민우에게도 하얀 봉투를 건넸다. 하지만 민우는 선물을 받으면서도 별로 기쁘지 않았다. 대한민국이 전 세계 1위라는 사실이 씁쓸했기 때문이다.

"숫자로 들으니 이게 얼마나 많은 양인지 감이 잘 안 오죠? 플라스틱 컵을 위로 쌓으면 지구에서 달까지 닿는 양이랍니다. 페트병을 일렬로 세우면 지구를 10.6바퀴 돌 수 있는 양이죠."

선생님의 비유에 아이들은 일순간 어리둥절한 표정을 지었다.

 **플라스틱을 계속 써야 할까요?**

찬성 플라스틱의 장점

❶ 가볍고 강하다

플라스틱은 금속이나 유리보다 가볍고 강한 것이 특징이다. 자동차, 건축, 가전제품 등 다양한 분야에 사용되며, 무게를 줄여 연비를 향상시키거나, 강도를 높여 내구성을 향상시키는 데 꼭 필요하다.

❷ 다양한 형태로 가공할 수 있다

플라스틱은 열과 압력으로 쉽게 변형할 수 있어 다양한 형태로 가공할 수 있다. 용기, 포장재, 장난감, 생활용품 등 다양한 제품을 만들 때 꼭 필요하다.

❸ 저렴하다

플라스틱은 원료가 풍부하고 생산 공정이 단순하여 저렴한 비용으로 생산할 수 있다. 이를 통해 일회용품, 포장재 등을 저렴하게 사용할 수 있다.

❹ 위생적이다

플라스틱은 물이나 기름을 잘 흡수하지 않아 위생적으로 사용할 수 있다. 식품 포장재, 의료용품 등 위생이 중요한 분야에서 반드시 써야 한다.

❺ 내구성이 뛰어나다

플라스틱은 금속이나 유리보다 내구성이 뛰어나 충격이나 마모에 잘 견딘다. 자동차, 건축, 가전제품 등을 만들 때 꼭 필요하다.

반대 플라스틱의 단점

❶ 썩지 않는다

플라스틱은 자연에서 분해되는 데 수백 년에서 수천 년이 걸린다. 땅에 묻거나 바다에 버리면 환경 오염을 일으킨다.

❷ 재활용이 어렵다

플라스틱은 재활용이 되지 않는 경우가 많다. 재활용되더라도 재활용률이 낮아 환경에 나쁜 영향을 준다.

❸ 미세 플라스틱으로 인해 생태계가 파괴된다

플라스틱은 미세 플라스틱으로 분해되어 해양 생태계를 위협한다. 바다거북, 고래, 물고기 등 해양 생물은 플라스틱을 먹이로 착각해 섭취하거나, 플라스틱에 걸려 다치거나 질식하는 경우가 많다. 또한, 미세 플라스틱은 먹이 사슬을 통해 인간에게까지 영향을 미칠 수 있다.

❹ 유해 물질을 배출한다

플라스틱은 열이나 화학 물질에 노출되면 유해 물질을 배출할 수 있다. 어린이 장난감, 식품 용기 등 인체에 직접 접촉하는 제품에 사용하면 질병 또는 장애를 일으킬 수 있다.

❺ 에너지 낭비와 온실가스 배출 문제가 있다

플라스틱은 생산 과정에서 많은 에너지가 소모되며, 이 과정에서 온실가스가 배출된다. 플라스틱을 태울 때도 유해 물질과 온실가스가 발생한다. 플라스틱 사용을 줄이면 에너지 낭비와 온실가스 배출을 줄일 수 있다.

5

PA 특공대, 플라스틱을 몰아내라!

환경 교육이 끝난 후, 셋은 밖으로 나왔다.

"선물이 뭐야?"

연두가 재용이 옆으로 다가가 물었다. 재용이는 주머니에서 하얀 봉투를 꺼냈다. 그 안에는 그린 제과점 상품권이 들어 있었다. 민우도 궁금한 듯 봉투를 열어 보았다. 같은 상품권이었다.

"잘됐네. 우리 같이 가서 망고 빙수 먹자."

"좋아, 좋아!"

민우 표정이 한층 밝아졌다. 그린 베이커리에서 가장 유명한 망고 빙수를 블로그에 올릴 수 있는 기회였다. 연두가 두 사람의 손을 동시에 잡았다.

"가자! 그린 베이커리로."

망고 빙수가 나오자, 민우가 스마트폰을 들었다. 재용이가 손가락을 앞으로 가져가 포즈를 취했다.

"오! 좋아."

민우는 사진을 몇 장 찍었다.

"자, 이제 먹자!"

조금 전까지 서먹서먹했던 분위기는 온데간데없이 사라지고, 언제 그랬냐는 듯 재용이와 민우는 신나게 수다를 떨며 빙수를 먹었다.

연두가 먼저 수저를 내려놓더니 두 사람을 번갈아 쳐다보았다. 뭔가 할 얘기가 있는 것 같았다.

"오늘 강의를 들어 보니까, 플라스틱의 문제점이 너무 많아.

우리도 플라스틱 사용을 줄이도록 노력해야 할 것 같아."

"맞아. 몸에도 안 좋은데, 왜 자꾸 쓰는 걸까?"

"미세 플라스틱이 나쁘다는 건 알겠는데, 플라스틱의 종류가 너무 많아서 뭐가 나쁜지 잘 모르겠어."

민우가 고개를 갸웃거리며 말했다. 그러자 연두가 씩 웃으며 재용이에게 눈을 깜빡였다. 며칠 전 연두에게 보내 준 자료를 민우에게도 알려 주라는 뜻 같았다. 재용이는 고개를 끄덕이며 일회용품에 사용하는 플라스틱에 대해 설명했다.

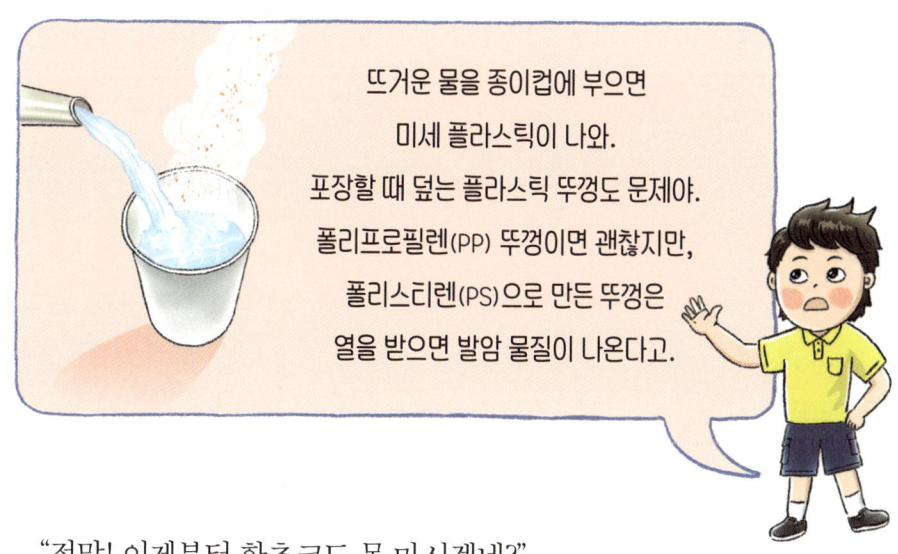

뜨거운 물을 종이컵에 부으면 미세 플라스틱이 나와. 포장할 때 덮는 플라스틱 뚜껑도 문제야. 폴리프로필렌(PP) 뚜껑이면 괜찮지만, 폴리스티렌(PS)으로 만든 뚜껑은 열을 받으면 발암 물질이 나온다고.

"정말! 이제부터 핫초코도 못 마시겠네?"

민우는 재용이의 얘기를 듣고 숟가락을 떨어뜨렸다. 서울마다 민우가 즐겨 먹는 음료가 핫초코이기 때문이었다.

　재용이는 친구들이 자기 말을 집중해서 들으니까 신이 나서 배달 음식의 플라스틱 사용에 대해서도 설명했다.

뜨거운 음식은 국물이 흐르지 않도록 PVC 랩으로 포장해. 그런데 PVC(폴리염화비닐) 랩도 열을 받으면 발암 물질이 나온다고!

"오늘부터 짜장, 짬뽕, 탕수육도 배달시켜 먹으면 안 되겠네."
"맞아."
　연두도 재용이의 얘기를 들으며 씁쓸한 표정을 짓다가 맞장구를 쳤다.
"먹는 음식에 왜 이런 플라스틱을 쓸까? 어른들은 이런 게 몸에 나쁘다는 걸 진짜 모르는 걸까?"
　민우가 꺼낸 말에 모두 기다렸다는 듯 플라스틱에 대한 의견을 쏟아 내기 시작했다.
"이익을 많이 남기려면 값이 싼 걸 써야 하잖아. 그래서 포장 용기도 플라스틱을 쓰는 게 아닐까? 포장 용기 만드는 사람 잘

못이 가장 크다고 생각해."

"꼭 그렇지만은 않아. 비린내 나고 물이 뚝뚝 떨어지는 생선을 그냥 팔면 누가 사겠어. 일회용 용기에 담아서 PVC 랩으로 싸야 물도 흐르지 않고 냄새도 안 나잖아. 까칠한 소비자 책임도 있어."

"그건 파는 사람 잘못 아닌가? 그래야 더 잘 팔리잖아."

"글쎄. 파는 사람, 사는 사람 잘못만 있는 건 아냐. 곳곳에 정수기가 있다고 생각해 봐. 누가 돈을 주고 생수를 사 먹겠어. 생수가 덜 팔리면 자연스럽게 페트병 사용도 줄어들잖아."

"맞아. 그런데 이런 건 시청이나 구청에서 해 줘야 하는 거 아냐?"

꽤 진지한 토론이었지만 플라스틱 사용에 대한 책임이 누구에게 있는지 깔끔하게 결론 내리기는 어려웠다.

연두가 노트를 꺼내 지금까지 토론한 내용을 정리했다. 그러고는 잠시 생각하더니 입을 열었다.

"우리가 말한 걸 정리해 보면, 소비자, 판매자, 생산자, 국가의 책임으로 나눌 수 있어. 내 생각엔 모두의 책임이야. 그래서 말인데……."

"그래서 뭐?"

"좋은 방법이라도 있어?"

민우와 재용이가 연두를 보며 번갈아 물었다.

연두는 엄마가 플라스틱 제로 캠페인을 시작한 이유를 설명했다. 플라스틱을 줄이려면 소비자, 판매자, 생산자, 국가 중 어느 한쪽이 먼저 나서야 한다. 플라스틱 생태계는 이들 모두가 복잡한 먹이 사슬로 얽혀 있기 때문이다.

"그럼 우리 소비자가 먼저 나서면 플라스틱을 없앨 수 있겠네?"

재용이가 고개를 갸웃거리며 연두를 보았다.

"그래. 플라스틱 생태계와 지구 생태계는 비슷하거든. 지구 생태계에서 양서류가 사라지면 나중에는 파충류와 포유류가 사라지고 결국 인류까지 멸종할 수 있잖아."

"맞아. 그건 배웠어."

"플라스틱 생태계도 마찬가지야. 하나가 변하면 다른 것도 변할 수 있어."

연두의 말에 재용이는 믿기 어려운 듯 고개를 저었다. 민우도 눈을 깜빡이며 고개를 갸웃거렸다.

"연두야, 그럼 지금까지 뭔가 달라진 게 있어? 너희 엄마가 플라스틱 제로 캠페인 활동을 계속하셨잖아."

민우가 물었다.

"당연히 있지. 점점 바뀌어 가는 중이야."

"어떻게? 그게 뭔데?"

민우가 연두를 빤히 쳐다보며 대답을 재촉했다.

"야구왕 홈런 과자 알지? 원래 플라스틱 그릇에 들어 있던 게 지금은 종이 그릇에 담겨 나와."

"우아! 혹시 또 있어?"

재용이도 믿지 못하겠다는 듯 눈을 동그랗게 뜨고 물었나.

"도시락용 작은 포장 김도 바뀌었어. 예전에는 플라스틱 용기에 담고 비닐로 한 번 더 포장했는데, 지금은 플라스틱 용기 없이 파는 제품이 많아졌어."

"와! 진짜 달라질 수 있구나."

"맞아. 소비자가 뭘 원하는지 큰 소리로 알려야 생산자가 변한다는 뜻이야. 많은 사람이 뭉쳐서 한목소리를 내면 세상은 바뀌지."

"좋아. 우리도 해 보자! 우리가 살아갈 지구는 우리가 지켜야 하잖아. 우리도 플라스틱 어택 하자."

"이왕 할 거 활동가 모집에 지원해 보는 건 어때?"

재용이는 교육 센터에서 본 포스터가 떠올라서 둘에게 말했다. 민우와 연두와 함께하면 세 명이었다. 1등 하지 못하더라도 건강한 지구를 만들기 위해 뭔가 노력했다는 자부심이 생길 것 같았다.

"너도 어린이 청소년 활동가 모집 광고 봤구나. 나는 찬성."

"나도 좋아."

연두까지 동의하자 모두 소리치며 손뼉을 마주쳤다.

"팀 이름은 뭐로 하지? 플라스틱 어택 특공대 어때?"

민우가 둘을 보면서 먼저 말했다.

"음, 플라스틱 어택이라는 단어 느낌이 너무 세. 플라스틱 어택 약자인 P.A. 만 써서 PA 특공대라고 하면 어떨까?"

"오, 좋은데! 마음에 들어."

연두의 아이디어에 모두 활짝 웃으며 환호했다.

팀 이름을 정하고 나서, 이번에는 공격 대상을 찾았다. 플라스틱 쓰레기가 나오는 곳은 많았지만, 대형 마트는 이미 여러 환경 단체에서 활동한 곳이었다. 게다가 대형 마트에서 물건을 사서 플라스틱 쓰레기를 버리려면 돈이 필요했기에 초등학생 용돈으로는 쉽지 않았다. 돈을 안 쓰면서 환경 운동을 할 수 있는 효과적인 방법이 필요했다. 아무리 생각해도 뾰족한 방법이 떠오르지 않았다.

"오늘은 여기까지 하고, 공격 대상은 각자 생각해 보자."

"좋아. 단체 대화방 만들고, 생각날 때미다 올리지."

그날 저녁 9시 무렵, 민우가 먼저 단체 대화방에 들어왔다.

민우: PA 특공대 활동을 SNS에 올리는 거 어때? 이렇게 하면 홍보도 되고, 특공대원을 더 많이 모을 수 있잖아. SNS는 내가 맡을게.

재용: 좋아! 그런데 어디를 공격하지? ㅋㅋ

민우: 편의점에 가 봤는데, 사장님이 너무 가까이 있으니까 눈치가 보여서 아무것도 할 수 없겠더라.

연두: 아, 그러네. 편의점이 딱인데.

민우: 무인 카페는 어때? 내가 핫초코 사 먹으러 자주 가잖아. 거기 일회용 컵이랑 플라스틱 빨대 많이 사용해.

진짜? 우리 동네 카페는 일회용 컵 안 쓰던데.

재용

민우

무인 카페는 동네 카페랑 다른가?

재용이는 컴퓨터를 켜고 무인 카페를 검색해 보았다. 주변에 무인 카페가 꽤 많았다. 게다가 무인 카페가 플라스틱 규제의 사각지대라는 것을 알게 되었다.

2023년 1월 24일부터 '자원의 절약과 재활용 촉진에 관한 법률'이 시행되었다. 모든 식당은 매장에서 플라스틱 종이컵과 플라스틱 빨대 막대 등 일회용품을 사용할 수 없다. 하지만 자동판매기로 운영하는 무인 카페는 식당이 아니기 때문에 일회용품을 사용해도 처벌받지 않았다.

재용

재용이는 찾은 자료를 단체 대화방에 올렸다. 순식간에 많은 대화가 오고 갔다. 첫 공격 대상은 동네에 있는 무인 카페로 결정되었다. 다음 주 화요일까지 동네 무인 카페를 조사하고, 사전 답사를 가는 것으로 계획을 잡았다. 여름 방학이 얼마 남지 않아 시간을 효율적으로 써야 했다.

근데, 무인 카페에 가서 어떻게 공격하지?

— 연두

맞네. 거긴 사람이 없잖아.

— 재용

— 민우

ㅋㅋ 사람이 있어도 문제고, 없어도 문제네. ㅋㅋ

무인 카페를 미리 방문해서, 뭘 잘못하고 있는지 조사해 보는 거야.
그러고 나서 이런 것을 고쳐 달라고 편지를 쓰고 오면 어떨까?

— 재용

연두

좋아! 편지 내용은 내가 미리 적어 볼게. 나 문학소녀임. ㅋㅋ

모든 게 정해지자, 셋은 하나씩 임무를 맡았다. 재용이는 주변의 무인 카페를 조사했고, 민우는 PA 특공대의 SNS 계정을 만들었다. 연두는 무인 카페에 보낼 편지를 쓰고, 환경 교육 센터에서 모집하는 활동가 지원서를 작성했다.

6

플라스틱 사각지대를 찾아라!

논술 수업이 끝나고 재용이와 민우는 평소처럼 학원 휴게실로 갔다. 몇몇 아이가 있었지만, 지난주와는 다르게 재용이와 민우에게 말을 거는 아이는 없었다.

재용이가 가방에서 노트를 꺼내 오늘 둘러볼 무인 카페 여섯 곳을 표시한 지도를 민우에게 보여 주었다.

"어디부터 갈까?"

"정리 잘했네."

지도에는 무인 카페 이름이 번호와 함께 적혀 있었고, 빨간 펜으로 동그라미가 그려져 있어 한눈에 보아도 무인 카페가 어디 있는지 알 수 있었다.

"여기부터 가자."

민우가 노트를 보며 비스듬히 8자를 그렸다. 2시 방향에 무인 카페 네 곳이 몰려 있었다.

"출발!"

재용이가 신이 나서 손을 높이 올리며 외쳤다. 둘은 씩씩하게 행진하듯 팔을 흔들며 걸었다.

"잠깐만."

민우가 재용이를 불러 세웠다.

"왜?"

"노트 들고 천천히 걸어가 봐. 사진 찍어 줄게. 시작부터 기록으로 남겨야지."

"오케이!"

재용이는 노트를 다시 들고 주변을 두리번거리며 걸었다. 민우는 앞뒤로 뛰어다니며 사진작가처럼 사진을 찍었다.

길을 건너자, 노란색 무인 카페 간판이 보였다. 첫 번째 공격 목표였다. 둘은 약속이나 한 듯 도둑고양이처럼 살금살금 다가가 창밖에서 안을 살폈다. 낮이라 그런지 손님은 없었다.

"들어가자."

민우가 손짓하며 무인 카페 문을 밀었다. 카페는 생각보다 작았다. 학교 교실의 절반 크기에 테이블 네 개가 전부였다.

"와! 여기 너무 시원한데?"

"시원하기는. 너무 추워!"

재용이가 몸을 부르르 떨며 에어컨을 찾았다. 천장에 달린 에어컨에서 시원한 바람이 쏭쏭 쏟아지고 있었다.

한쪽 벽에는 반짝반짝 빛나는 자동 음료 판매 기계가 있었다. 재용이가 신기한 듯 기계 앞으로 다가갔다. 커다란 모니터에 다양한 음료 그림이 알록달록하게 그려져 있었다. 음료를 선택할 수 있는 메뉴였다.

"여기 아이스 밀크 초코도 있네. 진짜 싸다. 집 근처 카페보다 2,000원이나 싸."

"그래서 내가 무인 카페를 자주 오는 거야."

재용이가 호들갑스레 몸을 흔들며 아이스 밀크 초코를 툭 눌렀다. 메뉴가 사라지고 결제 화면으로 넘어갔다. 신용 카드, 교통 카드, 페이 등으로 결제할 수 있었다.

"교통 카드로도 사 먹을 수 있어. 우리 한 잔씩 할까?"

재용이가 둥그렇게 손을 말아 컵을 들어 올리는 시늉을 했다.

"빨리 하자. 이제 시작이야. 가야 할 곳이 아직 다섯 곳이나 더 남았어."

민우가 재용이를 흘겨보며 잔소리하듯 말했다.

재용이는 고개를 돌려 주변을 탐색했다. 기계 옆에 티슈, 물티슈, 종이컵, 컵 뚜껑, 소분 포장된 설탕, 플라스틱 빨대, 음료를 담을 수 있는 비닐봉지가 있었다. 대형 냉장고 안에는 음료수가 가득 차 있었다. 재용이는 노트를 펴서 맨 위에 가게 이름을 적고 아래에 일회용품과 플라스틱 제품 목록을 적어 내려갔다. 민우는 옆에서 사진과 동영상을 찍었다.

재용이는 일회용 컵 뚜껑의 재질도 살펴보았다. PS(Polystyrene,

폴리스티렌)였다. PS는 뜨거운 김이 올라올 때 발암 물질을 방출할 수 있었다. 재용이는 노트에 뚜껑의 재질도 적어 두었다.

"저것도 한번 봐야겠다. 그래야 플라스틱을 얼마나 사용하는지 알 수 있잖아."

쓰레기 분리수거함이었다. 수거함은 종이류, 병·캔류, 플라

스틱으로 나뉘어 있었다.

민우가 안을 들여다 보았다. 쓰레기의 양은 많지 않았지만, 일회용 종이컵, 페트병, 플라스틱 컵, 빨대까지 종류가 다양했다.

"일회용 종이컵과 페트병이 많네."

민우가 혼잣말하듯 중얼거리며 냉장고 쪽으로 갔다. 냉장고 안에는 생수가 줄을 맞춰 가지런히 놓여 있었다. 이곳은 동네 카페와 달리, 물을 먹으려면 생수를 구입해야 했다. 하지만 일회용 컵은 누구나 사용할 수 있게 옆에 쌓아 두었다.

재용이는 분리수거함에서 종이컵 하나를 꺼냈다.

"와! 이건 진짜 깨끗해서 버리기 아깝다. 한 번 쓰고 그냥 버려지는 종이컵이 너무 많네."

재용이는 안타까움에 화가 난 듯 종이컵을 뚫어지게 바라보았다. 그러고는 노트에 '정수기와 물컵이 있으면 좋겠음.'이라고 적었다.

첫 번째 무인 카페를 나와 다음 장소로 이동했다.

"다음 골목인가?"

길을 잘못 찾았는지, 간판이 있어야 할 곳에 간판이 없었다.

"재용아, 주소도 같이 적는 게 좋겠어. 주소가 있으면 더 쉽게 찾을 수 있을 거야."

"알았어."

재용이가 두리번거리다 어딘가를 가리켰다. 무인 라면 전문점이었다.

"와! 이런 곳도 있네."

둘은 뛰어가 가게 안을 살펴보았다. 사람이 꽤 있었다.

"저것 좀 봐!"

재용이가 신기한 듯 라면 끓이는 곳을 가리켰다.

라면 봉지를 뜯어 일회용 종이 용기에 라면과 스프를 넣고 기계 위에 올리면 뜨거운 물이 나왔다. 불이 센지, 라면은 금방 끓었다. 기다리는 동안 냉동 만두를 전자레인지에 넣어 돌리는 사람도 있었다. 이곳은 무인 카페보다 일회용품과 플라스틱 쓰레기가 더 많이 나올 것 같았다.

"들어가 볼까?"

민우가 가게 안을 가리키며 물었다.

"오늘은 그냥 가자. 이곳은 다음에."

두 번째 무인 카페는 3층에 있어 찾는 데 시간이 걸렸다. 두 번째 카페 또한 첫 번째 무인 카페와 크게 다르지 않았다. 나머지 네 곳도 비슷했다. 여섯 곳 모두 둘러보는 데 두 시간이 넘게 걸렸다.

"드디어 끝났다!"

재용이가 마지막 무인 카페를 나오면서 만세를 불렀다. 생각보다 힘들었지만, 뭔가 큰일을 해냈다는 기분이 들어 뿌듯했다.

이제 둘은 집으로 발걸음을 돌렸다.

"어! 저건 또 뭐지?"

무인 편의점이었다.

"우선 메모만 해 두자."

민우가 무심하게 얘기하면서 무인 편의점을 보고도 못 본 척했다. 오늘 본 무인 점포만 해도 무인 반찬, 무인 도시락, 무인 편의점, 무인 세탁소, 무인 샌드위치 등 다양하게 많았다. 이날 본 곳만 해도 상당했다. 모두 공격 대상이었다.

오후 5시가 넘었지만, 날씨는 여전히 더웠다.

"목마르다. 우리 편의점 가서 생수 하나 사 먹자. 거긴 시원하잖아."

재용이가 민우의 눈치를 보며 말을 꺼냈다. 조금 전까지 무인 카페를 찾아다니며 일회용품, 플라스틱 배출에 대해 지적해 놓고 플라스틱병 생수를 마시자고 하다니…….

"참자. 우리도 양심이 있지."

민우도 목이 말랐지만, 선뜻 그러자고 말할 수 없었다.

"진짜 너무한 것 같지 않아? 동네 카페에서는 물을 공짜로 마실 수 있잖아. 그런데 오늘 돌아본 무인 카페는 전부 생수를 팔고 종이컵이 있었어."

"맞아. 뭔가 대책을 세워야 할 것 같아."

재용이는 어른 흉내를 내며 점잖게 말했다. 민우는 그런 재용이의 표정을 보면서 웃음을 억지로 참았다. 골목을 돌자 편의점 여럿이 눈에 띄었지만, 둘은 애써 못 본 척하며 지나갔다.

민우가 편의점 앞에서 걸음을 멈췄다.

여자아이 두 명이 커다란 장바구니를 힘겹게 들고 편의점으로 들어갔다. 유리병이 무거웠는지 장바구니를 바닥에 내려놓을 때 요란한 소리가 났다. 작은 아이가 편의점 문을 몸으로 밀자, 키 큰 아이가 엉거주춤 뒤뚱거리며 안으로 들어갔다.

민우는 두 아이를 유심히 쳐다보았다.

"쟤들 뭐 하러 가는지 알아?"

"빈 병 바꿔서 과자 사 먹으려는 거겠지."

재용이가 당연하다는 듯 자신 있게 말했다.

"배가 고프긴 고픈가 보네. 과자 얘기 하는 거 보니."

민우가 빈 병 보증금 제도에 대해 들려주었다. 플라스틱 페트병도 유리병처럼 보증금 제도가 있다면 플라스틱 사용도 줄고 재활용도 더 잘될 것 같았다.

"맞아. 페트병 하나에 100원만 줘도 덜 쓰지 않을까?"

"그러게. 이런 건 나라에서 법으로 딱 정해 줘야 하는데. 나중

에 커서 국회의원이 되어야겠다. 히히!"

"또 바꿨어? 너 지난번에는 농부 한다고 하지 않았어? 과일 많이 먹으려면 농사짓는 게 최고라면서?"

"농사지으면서 국회의원 하면 되잖아."

둘은 장난스럽게 웃으며 편의점 앞을 지나갔다. 근처에 카페가 있었지만, 종이컵을 쓰는 게 마음에 걸려 물도 마시지 않고 지나쳤다.

저녁을 먹고 재용이는 오늘 방문한 무인 카페들을 정리해 단체 대화방에 올렸다. 민우도 사진과 동영상을 정리해 보냈다.

연두: 모두 고생 많았어. 이제 뭘 해야 할지 보이네.

민우: 뭐가 보이는데?

연두: 재용이가 정리를 깔끔하게 해 놨잖아. 이 내용을 보고 내가 가게마다 보낼 편지를 쓸게. 민우는 오늘 찍은 사진에 날짜를 적고, 가게별로 정리해 줘. 이번 토요일에 무인 카페를 방문해서 가게에 편지를 붙이고 사진을 찍어서 SNS에 올리자.

민우: 이번 주 토요일이 벌써 기대되네. 우리 채널에 올릴 게시글 제목은 뭘로 하지?

'플라스틱 어택'이라고 쓰고
옆에 가게 이름을 적으면 어때?

재용

민우

NO. NO. '플라스틱 어택 1탄, 2탄'이라 쓰고,
가게 이름은 빼자. 가게 사장님이 보면
기분 나쁠 수도 있잖아.

연두

맞아. 1탄, 2탄 붙여서 올리면,
우리가 계속 활동한다는 느낌이 들어서 좋아.
그리고 다음 게시물을 기대하게 할 수 있어.
마지막에 PA 특공대 대원 모집 광고도 넣자.
더 많은 사람이 함께할수록 효과가 크니까.

'공유 많이 해 달라'는 말도 넣자!
우리도 빨하파지 채널처럼 구독자가 많아졌으면 좋겠다.

재용

민우

구독자 늘리려면 단순한 글과 사진보다는
동영상이 더 좋아. 동영상 찍으려면 연기를 잘해야 해.

연두: 그러면 내일 모여서 계획을 한번 세워 보자. 내일 오후 1시에 우리 아파트 단지 안 도서관 휴게실에서 만나는 건 어때?

재용: 좋아. 각자 좋은 아이디어 하나씩 가져오기. 알았지?

민우: 오케이!

연두: 나도 오케이! ^.^

 단체 대화를 마치고 시계를 보니 벌써 10시였다. 재용이는 침대에 누웠다. 피곤했지만 잠이 오지 않았다. 마지막에 자신이 한 말 때문이었다.

 '각자 좋은 아이디어 하나씩 가져오기.'

재용이는 똑바로 누워서 아이디어를 떠올려 보았다. 좋은 영상을 만들려면 참고할 만한 영상을 먼저 보는 것이 도움이 될 거라는 생각이 들었다.

재용이는 파하빨지 채널에 들어갔다. 그사이 새로운 영상이 더 올라와 있었지만, 지난번 자신이 출연했던 영상을 먼저 찾아보았다. 조회 수는 130만에서 더 늘지 않았다. 댓글도 그대로였다. 파하빨지 채널에서 조회 수가 높은 영상부터 보기 시작했다. 재용이는 영상 몇 개를 보다가 스르륵 잠이 들었다.

작전 계획

　재용이는 아침을 먹고 방으로 들어갔다. 스마트폰을 충전기에서 뽑고 전원을 켰다. 어젯밤에 동영상을 보다가 스마트폰을 베개 옆에 두고 잤기 때문이다.
　우우웅, 우우웅.
　스마트폰이 세차게 떨렸다. 민우가 보낸 메시지였다.

민우: 게시물 하나도 없는데, 구독자 3명 ㅋㅋ

재용: ㅋㅋㅋㅋㅋ

　재용이는 웃음이 나왔다. 하지만 다시 생각해 보니 웃을 일이 아니었다. 지켜보는 사람이 있다고 생각하니 마음이 무거워졌다. 유익하고 재미있는 영상을 만들어야겠다는 생각이 솟구쳤다. 재용이는 얼른 파하빨지 채널에 들어갔다. 이번에는 댓글이 많은 순서로 영상을 살폈다. 몇 개의 영상을 보다가 '지구를 망치는 육식 습관, 탄소중립은 너에게 달렸어!'라는 제목의 영상을 클릭했다. 영상은 소의 방귀와 트림으로 메탄이 발생하는 장면으로 시작했다.

축산에서 발생하는 온실가스의 양은 자동차에서 배출되는 양만큼이나 많았다. 게다가 소를 키우기 위한 목장, 소의 사료를 재배하기 위한 농경지를 만들기 위해 수많은 숲이 사라지고 있었다. 지구 온난화의 주범인 온실가스 발생을 줄이려면, 지금 당장 육식을 멈추라고 경고했다.

짧은 영상이었지만, 재용이는 정신이 번쩍 들었다. 영상의 끝부분에서는 미트 프리 먼데이(Meat Free Monday) 캠페인을 소개하면서 모두 동참하자고 전했다.

'나도 한번 해 볼까?'

미트 프리 먼데이 캠페인은 생각보다 쉬워 보였다. 일주일에 단 하루, 월요일만이라도 고기를 먹지 말자는 환경 캠페인이었다. 전 세계 사람이 일주일에 한 번 고기를 먹지 않으면, 그만큼

육식 소비가 줄어든다. 육식 소비가 줄어들면 소의 수가 감소하고, 온실가스 배출도 자연스럽게 줄어들 수 있다. 건강도 지키고 환경도 생각하는 캠페인이었다.

"좋은데!"

내용이 충실하고 흥미로운 영상이었다. 게다가 마지막에 시청자의 마음을 움직여 행동을 끌어내는 기술이 탁월했다. 재용이는 영상을 다시 보면서 꼼꼼하게 분석하고 노트에 정리했다. 처음 볼 때는 몰랐지만, 치밀하게 계획을 세우고 만든 흔적을 곳곳에서 찾을 수 있었다.

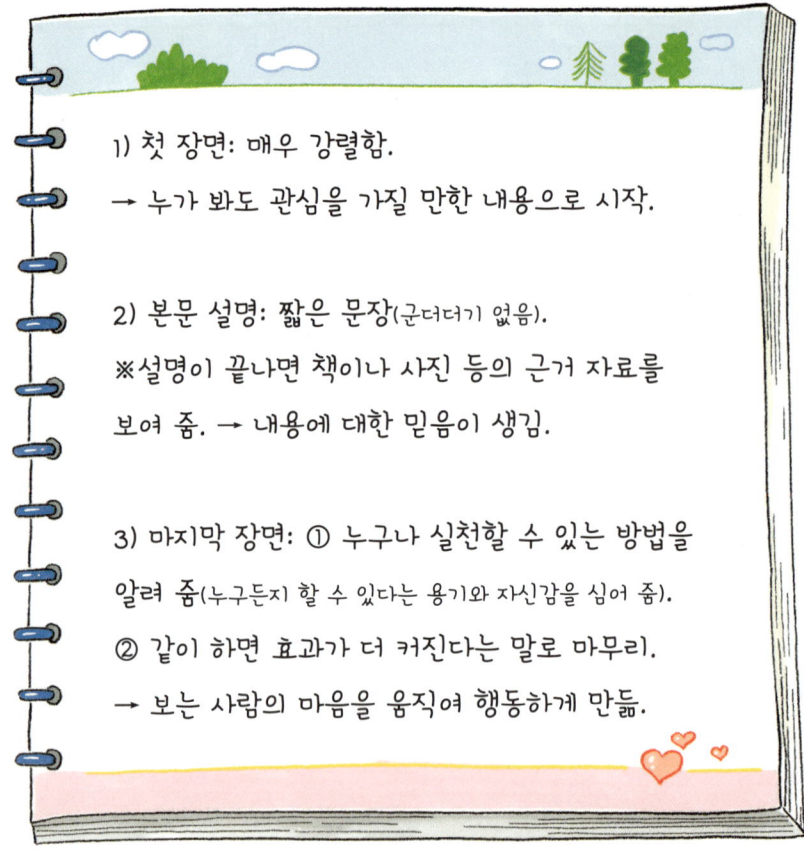

재용이는 정리한 노트를 보며 뿌듯한 미소를 지었다. 글을 쓰거나 영상을 만들 때 어떤 내용을 어디에 넣고, 무엇을 보여 줘야 하는지 감을 잡을 수 있었다.

오전 내내 앉아 있었더니 몸이 찌뿌둥했다. 재용이는 두 팔을 크게 벌리며 기지개를 켜다가 시계를 보았다. 어느새 12시 반이었다. 재용이는 점심도 먹지 않고 허겁지겁 가방을 챙겨 연두네 아파트까지 뛰었다.

도서관 안쪽 휴게실 문을 열고 들어가자 민우와 연두가 벌써 와 있었다.

"약속 시간 맞추느라 점심도 못 먹고 뛰어왔어."

재용이는 가쁜 숨을 내쉬며 의자에 앉았다.

"엄마가 간식 가져다주신대. 조금만 기다려."

"뭘 한다고 점심도 못 먹었어? 늦잠 잤어?"

"오전 내내 동영상 분석했지. 우리, 동영상 찍어야 한다며?"

"정말? 빨리 보여 줘."

재용이는 가방에서 노트를 꺼냈다. 그러고는 오전에 분석한 내용을 보여 주고 간단하게 설명했다. 민우와 연두는 그 내용을 듣고 놀란 눈으로 재용이를 보았다.

"아주 좋아. 네 설명을 들으니까 여기 들어갈 좋은 자료가 생각났어."

민우가 가방 안에서 책을 꺼냈다. 《탄소중립의 걸림돌, 플라스틱》이라는 책이었다.

"여기 좀 봐!"

플라스틱을 1킬로그램 만들고 태울 때 발생하는 온실가스의 양을 정리한 표였다. 재활용 품목별로 하나씩 정리되어 있었다.

단위(CO_2eq/kg)

	PET	HDPE	PVC	LDPE	PP	PS
제조	2.21	1.52	1.93	1.8	1.54	2.5
소각	2.04	2.79	1.25	2.79	2.79	3.01

미국환경보호청(EPA WARM, 2020년 11월)

"이 내용은 처음 봐. 정말 좋은데? 이거 꼭 넣자."

"와! 이건 상상도 못 했어. 플라스틱 만들 때 온실가스 배출량이 이렇게나 많다고?"

모두 민우가 가져온 책을 한참 들여다보았다.

이번에는 연두가 노트를 꺼내 플라스틱에 대해 정리한 자료를 보여 주었다.

"어! 이 그림은……?"

지난번 환경 교육 센터 강의에서 본 자료였다. 그림 아래에는 작은 글씨로 설명이 달려 있었다.

"PA 특공대를 시작하면서 플라스틱에 대해 조사하다가 강사님 이메일 주소를 알게 됐어. 메일을 보냈더니 자료를 보내 주셨지."

"우아! 대단하다."

재용이가 칭찬을 하며 손뼉을 쳤다. 연두 노트에는 동영상을 만들 때 필요한 자료가 모두 있었다.

셋은 영상에 어떤 내용을 넣을지 의논했다. 하지만 무엇을 넣어야 할지 쉽게 결정할 수 없었다. 플라스틱의 단점이 너무 많아 짧은 영상에 다 담을 수 없었다.

"가장 나쁜 것 두 가지만 넣자!"

"그래, 그게 좋겠다. 제일 심각한 거 두 가지면 충분할 것 같아."

재용이는 곧바로 연필을 들고 영상에 넣을 내용을 하나씩 적어 나갔다.

- 첫 장면: 앨버트로스 사진과 고래 뱃속 그림
- 본문 설명:
    1. 대한민국 1인당 플라스틱 소비량 세계 1위
        1) 자료: ① 플라스틱을 만들 때 발생하는 온실가스 발생량
                ② 플라스틱을 쓸 때마다 온실가스가 발생
    2. 썩지 않는 플라스틱은 미세 플라스틱이 되어 우리 식탁으로 올라옴
        1) 그림: ① 미세 플라스틱의 순환 과정
                ② 미세 플라스틱을 먹으면 걸리는 질병
- 마지막 장면: 편지 붙이는 장면
            PA 특공대, 저희와 함께해 주세요!

"이렇게 써 놓고 보니까 좋은데? 영상은 이렇게 만들고, 우리 활동 일지는 시간 순서대로 정리해서 올리자."

"좋아. 이제 편지만 쓰면 되는 거네?"

"PA 특공대 1탄 뒤에 붙일 제목도 정해야지. 양심에 조금 찔리더라도 조금 자극적인 제목을 넣자. 아무리 좋은 내용이라도 사람들이 보지 않으면 소용없잖아."

"오! 제법인데. 공부 제대로 했네."

민우가 눈웃음을 치면서 재용이를 보았다.

잠시 후 연두 엄마가 간식을 가져왔다. 셋은 해 질 무렵까지 자료를 정리하고, 편지도 마무리했다. 이제 모든 준비가 끝났다.

토요일 오전, 셋은 첫 번째 무인 카페 앞에 모였다.

"이제 시작하자."

재용이가 큰 소리로 외쳤다.

"휴! 떨려."

연두가 큰 숨을 한 번 내쉬며 가게 간판이 잘 보이는 곳에 섰다. 민우가 스마트폰을 보면서 손을 까딱거리자 연두가 왼쪽으로 움직였다. 연두와 가게 간판이 화면에 쏙 들어왔다.

연두가 긴장한 인사말로 시작하자, 잠시 후 재용이가 가세

안으로 들어갔다. 이른 시간이라 손님이 없었다. 재용이는 안을 둘러보면서 일회용품과 플라스틱 제품을 하나씩 가리키며 설명했다. 마지막으로 연두가 가방에서 편지를 꺼내 벽에 붙였다.

협조문

안녕하세요. PA 특공대입니다. PA 특공대는 지구를 더 건강하게 만들기 위해 No Plastic 운동을 시작했습니다. 여러분도 No Plastic 운동에 함께해 주세요!

플라스틱은 편리하지만 나쁜 점이 더 많습니다.

① 플라스틱을 만들 때 온실가스가 많이 발생합니다. 온실가스가 증가하면 지구 온난화가 더 빨라집니다.
② 플라스틱은 썩지 않습니다. 바다로 흘러간 플라스틱은 미세 플라스틱으로 변하고, 미세 플라스틱을 먹은 해양 생물은 다시 우리의 식탁으로 돌아옵니다.

지구 온난화를 막고, 지구에 사는 모든 생명체가 더 건강해질 수 있도록 플라스틱 사용을 참아 주세요!

비닐봉지, 컵 뚜껑, 일회용 컵, 플라스틱 용기의 사용은 지구를 더 빨리 망가뜨리는 지름길입니다.

가게에서 나오기 전, 민우는 재활용 분리함을 촬영했다. 안에는 일회용 컵과 투명 플라스틱 컵이 가득 차 있었다. 민우가 손짓하자, 재용이가 재활용 분리함에서 플라스틱 용기 하나를 꺼내며 말했다.

"편리하게 쓰고 버리는 일회용 플라스틱, 이제는 우리 생활에서 사라져야 합니다. 플라스틱 없는 세상이 인간과 동물이 모두 건강하게 살 수 있는 세상입니다!"

첫 번째 촬영을 마치고 밖으로 나왔다. 재용이는 긴장했는지 이마에 땀방울이 송골송골 맺혀 있었다. 연두는 목이 말랐는지 가방에서 물병을 꺼내 한 모금 마셨다.

"생각보다 힘드네."

"모두 수고했어!"

셋은 서로 응원하며 다음 목적지로 향했다.

두 번째 가게는 처음보다 조금 여유가 있었다. 셋은 순서에 따라 마지막 무인 카페까지 돌았다. 촬영이 끝나자 민우가 미소를 지으며 긴 한숨을 내쉬었다.

"휴, 다행이다. 2퍼센트 남았어."

오전 내내 촬영했더니 스마트폰 배터리가 빨리 줄어들었다.

"가방에 충전기 있어. 점심 먹으면서 충전하자. 나 배고파!"

"좋아! 저기 분식집 어때?"

연두가 골목 끝에 있는 분식집을 가리켰다. 셋은 식당 안으로 들어갔다.

"여기 콘센트 있네. 여기 앉자."

연두가 중간에 있는 넓은 자리를 가리켰다. 민우가 충전기를 꽂는 사이, 재용이와 연두는 주문을 마치고 의자에 앉았다. 잠시 후, 김밥과 떡볶이가 나왔다. 재용이는 깊은 생각에 잠긴 듯 한참 동안 창밖을 보며 젓가락을 들지 않았다.

"재용아, 무슨 생각 해?"

"오늘 조금 이상한 게 있었어."

"그게 뭔데?"

연두가 김밥을 입에 넣으며 물었다.

"지난번에 갔을 땐 분리수거함에 일회용품과 플라스틱 쓰레기가 많지 않았거든. 그런데 오늘은 가는 곳마다 너무 많았어. 어떤 곳은 분리수거함이 꽉 차서 비닐봉지에 묶어 옆에 세워 놨잖아."

"오전이라 가게 청소를 아직 안 했을 수도 있잖아."

"어제 금요일이었잖아. 불금에 손님이 많았던 게 아닐까?"

"그럴 수도 있겠네. 다음에는 평일 오전에 한번 가 봐야겠다."

셋은 점심을 먹으며 다음 약속을 잡았다. 열흘 뒤면 개학이기 때문에 시간은 다음 주밖에 없었다. 다음 주 목요일 오전, 무인 카페 여섯 곳을 다시 돌면서 얼마나 개선되었는지 확인하기로 했다.

"한 곳이라도 달라졌으면 좋겠다."

"응, 우리 노력이 조금이라도 전해졌으면 좋겠어."

일요일 오후, PA 특공대는 연두네 아파트 도서관 휴게실에 모였다. 연두와 재용이는 글과 사진을 정리하고, 민우는 스마트폰으로 영상을 편집했다. 글과 사진이 많았지만, 영상 편집은 즐거웠다.

"휴! 이제 다 끝났다."

다 같이 민우가 편집한 영상을 다시 한번 확인했다.

"마음에 들어. 이제 올리자."

"오케이! 이제 새로운 노 플라스틱(No Plastic) 세상을 열어 보자."

민우가 말하며 엄지와 검지를 둥글게 말아 원을 만들었다. PA 특공대 채널에 게시물이 올라가는 화면에서 다들 눈을 떼지 못했다.

"와! 우리의 첫 게시물이야!"

재용이가 벌떡 일어나 양손을 높이 들었다. 연두도 어깨를 흔들며 기뻐했다.

우리는 원해요

첫술에 배부를 리 없었다. 혹시나 했지만, 역시나 사람들은 PA 특공대의 게시물에 관심이 없었다. 일주일 동안 조회 수는 49에 그쳤고, 댓글도 가족이 달아 준 여섯 개가 전부였다. 일주일 뒤, 셋은 무인 카페 여섯 곳을 다시 돌아보았다. 기대와 달리 아무 곳도 변한 곳이 없었다. 셋은 단체 대화방에 푸념을 늘어놓으며 PA 특공대의 활동에 대해 심각하게 고민했다.

민우: 우리 PA 특공대 활동, 계속해야 할까?

재용: 나도 고민했어. 아무도 지구의 미래에 관심이 없나 봐. 2주가 지났는데 어느 한 곳도 달라지지 않았어. 정말 실망이야!

열 번 찍어 안 넘어가는 나무 없다고 하잖아.
환경 운동은 꾸준히 해야 효과가 나는 거야. 파이팅!

연두

그래, 연두 말이 맞아.
다음에는 어디를 공격할지 다시 정하자!

민우

토요일 점심에 우리 집에서 모이자.
엄마가 맛있는 거 해 주신대~

연두

    토요일 오전, 연두는 시내에 있는 큰 도서관에 갔다. 어린이실에서 책을 읽다가 11시 반에 도서관에서 나왔다. 평소에는 걸어 다녔지만, 12시까지 집에 가려면 시간이 빠듯했다.

    연두는 버스를 탔다. 두 번째 정거장에 도착했을 때, 연두는 습관처럼 무인 카페 쪽으로 고개를 돌렸다.

    "어!"

    무인 카페 앞에 웬 트럭이 서 있었다. 이사를 하는 건지, 가게 앞에 여러 사람이 분주하게 움직였다. 연두는 하차 벨을 누르고

얼른 내렸다. 그러고는 무인 카페 앞까지 단숨에 뛰어가 스마트폰으로 사진을 몇 장 찍고 단체 대화방에 보냈다. 모두 깜짝 놀란 듯 답글이 쏟아졌다.

연두는 무인 카페에 무슨 일이 일어나는지 궁금했다. 한참 동안 지켜보다가 트럭에 적힌 '친환경 주방용품 전문점'이라는 글씨를 발견했다.

민우가 자전거에 재용이를 태우고 무인 카페로 왔다. 셋은 가로수 뒤에 도둑고양이처럼 숨어서 가세를 지켜보았다.

"저것 좀 봐!"

민우가 트럭 뒤에 버려 둔 종이 상자를 가리켰다. '자동 컵 세척기'라는 글자가 선명했다.

"저거 찍자!"

재용이는 흥분을 감추지 못했다.

"또 뭐 있나 살펴봐!"

민우도 신이 났는지 목소리가 들떠 있었다.

"너희들, 거기서 뭐 해? 남의 가게 사진은 왜 찍니?"

낯선 목소리에 모두 깜짝 놀라 뒤를 돌아보았다. 머리가 희끗희끗한 아저씨가 셋을 보고 있었다.

"죄송합니다. 저희는 그게 아니고······."

재용이가 고개를 숙이며 여기 찾아온 이유를 모두 설명했다.

아저씨는 잠시 생각하더니 세 아이를 가게로 데려갔다. 그러더니 전과 달라진 모습을 하나씩 보여 주었다. 셋은 깜짝 놀랐다. 일회용 컵 대신 머그잔과 스테인리스 컵이 있었고, 아주 큰 컵 소독기가 반짝반짝 빛났다. 벽 한쪽 구석에는 얼음이 나오는 정수기가 설치되어 있었으며, 물티슈 대신 두루마리 휴지가 걸려 있었다. 일회용 설탕은 다시 채울 수 있는 커다란 시럽 통으로 바뀌어 있었다.

"마음에 드니?"

"네!"

PA 특공대는 한목소리로 우렁차게 외쳤다.

"여기 좀 앉거라."

아저씨가 넓은 자리로 안내했다.

"벽에 붙은 협조문을 보고 깜짝 놀랐단다. 플라스틱이 이렇게까지 지구 환경에 나쁜 영향을 미친다는 걸 잘 몰랐어. 내가 조금 더 노력하면 지구를 더 깨끗하게 만들 수 있는데, 너무 늦게 알아서 후회가 됐어."

"아니에요. 저희가 여섯 곳을 돌았는데, 바뀐 곳은 여기뿐이에요."

"그렇구나. 솔직히 나도 처음에는 망설였단다. 하지만 지구 환경을 파괴하면서까지 돈을 버는 건 양심을 파는 것이라 생각했어. 바로 친환경 용품과 주방용품을 주문했는데 오늘 도착한 거야. 너희가 올린 SNS 글과 영상도 봤어."

"진짜요? 댓글이라도 달아 주시지."

"오늘 하려고 했다. 뭐라도 해 놓고 댓글을 달아야 덜 미안하지."

"감사합니다."

민우가 고개를 숙이며 인사했다.

"아저씨, 이렇게 기쁜 소식을 저희 채널에 올려도 될까요?"

"그럼. 그러면 고맙지. 너희들 어리지만 정말 훌륭하구나. 무료 음료 시음권 몇 장 줄 테니까 나중에 와서 먹어."

"아뇨. 이런 거 받으려고 활동하는 거 아니에요."

"아니다. 이건 내가 고마워서 주는 거야. 꼭 받아 주렴."

아저씨가 지갑에서 쿠폰을 꺼냈다. 민우가 일어나 스마트폰으로 사진과 영상을 찍었다.

"감사합니다."

"아 참, 내가 꼭 해 줄 말이 있었는데."

아저씨가 지갑에서 예쁘게 접힌 종이를 꺼내 펼쳤다. PA 특공대가 붙인 협조문이었다. 아저씨는 협조문을 보며 좋은 아이디어 하나를 알려 주었다.

"'협조문'이라는 딱딱한 단어보다 '우리는 원해요' 같은 제목으로 바꿔 봐. 그러면 더 효과가 있을 거야."

"왜요?"

"고객이 왕이라는 말도 있잖아. 소비자가 무엇을 원하는지 말하면, 판매하는 사람은 소비자의 뜻을 따를 수밖에 없거든. 그래서 고객이 왕이라고 하잖아."

"알겠어요. 바로 바꿀게요."

셋은 기분 좋게 무인 카페를 나섰다. 민우는 자전거를 끌고 옆에서 함께 걸었다.

딩동.

민우의 스마트폰에서 알림 소리가 났다.

"재용아, 자전거 좀 잠깐."

민우가 스마트폰을 열어 내용을 확인했다.

"아저씨 댓글이야?"

"아니."

민우가 고개를 흔들며 재용이와 연두를 향해 의미심장한 미소를 날렸다. 그러곤 천천히 댓글을 읽기 시작했다.

"여러분의 활동을 응원합니다. 저도 같은 동네에 살고 있는데, PA 특공대 활동을 같이 할 수 있을까요?"

"오!"

"대박!"

재용이가 소리를 지르며 어깨를 흔들었다. 하늘을 날아갈 듯 기뻤다.

"다음은 또 어디를 공격하지?"

"점심 먹으면서 생각해 보자. 가자!"

셋은 함박웃음을 지으며 연두네 집으로 향했다.

"하늘 참 맑고 푸르다."

모두 하늘을 올려다보았다. 맑고 깨끗한 하늘에는 하얀 조각 구름 하나가 방긋 웃으며 셋을 내려보았다.

 **우리가 사용하고 버리는 플라스틱의 세계**

플라스틱을 버릴 때 종류에 따라 분리배출 하는 것이 가장 바람직하다. 플라스틱 폐기물은 종류에 따라 재활용하는 방법이 다르기 때문에 제품에 표시된 '플라스틱 재질별 분리배출 표시 마크'로 구분한다.

일반적으로 플라스틱 폐기물은 일곱 가지로 구분한다. 국제표준화기구(ISO)에 따라 숫자로 표기하는 경우가 있고, 국내 생산 및 유통만 되는 제품들은 한글로 표기가 되어 있다. 이 표시는 플라스틱 소재의 특성에 따라 번호를 매겨서 재활용 가능 여부를 쉽게 구분할 수 있다.

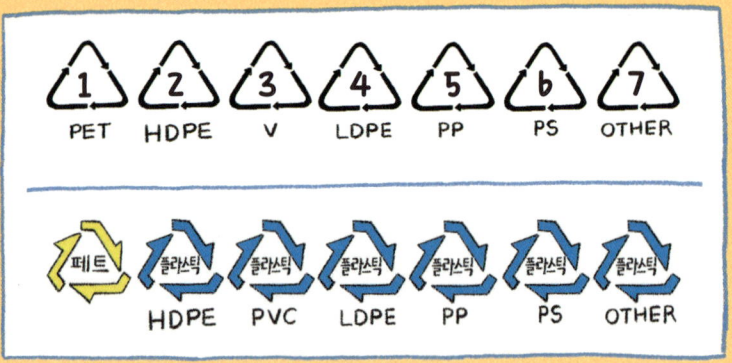

플라스틱 재질별 분리배출 표시 (위: ISO / 아래: 대한민국)

❶ PET(PETE): 폴리에틸렌 테레프탈레이트

용도	페트(PET)는 생수병, 음료병 등의 소재로 많이 사용한다.
장점	투명도가 우수하고 열에 강하며 내구성이 좋은 편이다. 플라스틱 중에서는 안전하다고 알려져 있다.
단점	고온에서 보관할 경우, 안티몬 같은 발암 물질이 발생할 수 있다. 페트병은 원래 일회용으로 만들어졌기 때문에 재활용하여 오래 사용하면 세척이 어렵다. 또한 박테리아 같은 세균이 번식할 수 있어 위생에 좋지 않고, 호르몬 불균형을 유발하는 화학 성분이 나올 수 있어 재사용하는 것은 바람직하지 않다.

❷ HDPE(HDP): 고밀도 폴리에틸렌

용도	샴푸 통, 세제 용기, 영유아용 장난감, 젖병, 주방 용기 등의 소재로 많이 사용한다. 페트보다 조금 딱딱한 소재이다.
장점	튼튼하며 전자레인지에 사용할 수 있다. 사용할 때 배출되는 유해 화학 성분이 없으며, 인체에 해롭지 않다.
단점	저밀도 폴리에틸렌(LDPE)과 다른 종류의 플라스틱보다 가격이 높은 편이다.

❸ PVC(V): 폴리염화 비닐

용도	식품 포장, 공업용 비닐 랩, 인테리어 용품(장판, 벽지 등), 완구, 학용품(지우개), 파이프, 샤워 커튼, 슬리퍼 등 다양한 제품의 원료로 많이 사용한다.
장점	가격이 싸고, 재질이 부드러워 원하는 모양을 쉽게 만들 수 있다.
단점	빛을 받으면 호르몬에 나쁜 영향을 주는 독성 화학 물질이 발생한다. 발암 물질인 프탈레이트류가 발생하여 음식물 보관용으로 사용할 수 없다. 열에 약하므로 사용에 주의가 필요하다. 또한 납, 카드뮴 등의 중금속이 들어 있어 인체에 안 좋은 영향을 미친다.

❹ LDPE: 저밀도 폴리에틸렌

용도	주스병, 우유병, 일부 식용품 용기, 비닐봉지, 위생 비닐장갑 등을 만들며, 종이컵 안쪽을 코팅할 때 사용한다.
장점	신축성이 좋고, 유해 물질이 배출되지 않는다.
단점	재활용이 어렵고, 단단하지 않다.

❺ PP(polypropylene): 폴리프로필렌

용도	우윳빛의 반투명한 밀폐 용기, 주방 용기, 식품 보관 포장 상자, 요구르트 용기, 컵, 텀블러, 반찬 통 등을 만든다.
장점	유해 물질과 환경 호르몬이 검출되지 않았다. 가볍고, 질기며, 높은 온도에서 잘 견디며 잘 녹지 않는다. 변형이 자유롭고, 끓는 물에 소독할 수 있다.
단점	폴리스티렌(PS) 등의 다른 플라스틱보다 가격이 높다.

❻ PS(polystyrene): 폴리스티렌

용도	스티로폼 제품, 컵라면 용기, 장난감, 일부 테이크아웃 컵 뚜껑, 기타 포장재 등을 만든다.
장점	가볍고 매우 저렴한 편으로 가공성이 우수하며, 투명하고 단단하다.
단점	발암 물질이 배출되어 신경 독성, 유전 독성을 유발한다. 발암 물질로 판정된 환경 호르몬인 비스페놀 A와 스티렌다이머 등이 발생하기 때문에 사용에 규제를 받는다.

❼ OTHER : 이외의 모든 플라스틱류(PC, ABS 등)

플라스틱 및 비닐류 표시에 재질이 표기되지 않은 단일 재질, 두 가지 이상의 플라스틱 재질로 이루어진 복합 재질, 플라스틱에 다른 재질이 부착된 제품에 표시한다.

플라스틱과의 전쟁을 시작해 볼까요?

처음에는 플라스틱도 친환경으로 대접받았어요.

19세기 말, 미국에서 당구가 유행했어요. 이런 까닭에 상아로 만든 당구공이 많이 필요했고, 상아를 구하기 위해 수많은 코끼리를 사냥했어요. 상아는 당구공뿐 아니라 체스 말, 피아노 건반 같은 제품을 만드는 데도 사용했어요. 상아의 수요가 늘어날수록 코끼리 숫자는 급속도로 줄어들었죠. 그래서 상아를 대체할 물질로 플라스틱이 등장했어요. 플라스틱 사용이 점점 늘어나면서 수많은 코끼리가 목숨을 건질 수 있었어요.

당시, 플라스틱은 '신이 내린 축복'이라 불린 만큼 인기가 있었어요. 다양한 제품을 쉽게, 싸게 만들 수 있었거든요. 하지만 100년이 지나면서 '신이 내린 축복'은 '인류의 재앙'으로 변해 갔어요. 플라스틱은 몇백 년이 지나도 썩지 않기 때문이에요. 게다가 플라스틱은 만들 때도, 폐기할 때도 온실가스가 발생하죠.

지금은 플라스틱 세상이 되었어요. 지구 전체가 플라스틱으로 가득 찬 것 같죠. 사람뿐 아니라 해양 생물까지 플라스틱으로 고통받는 세상이 되었어요. 플라스틱 재앙에서 벗어나고 싶지만, 발을 빼면 뺄수록 더 깊이 빠져드는 느낌이에요. 지구가 플라스틱 무덤이 된 것은 과연 누구의 책임일까요?

누군가가 먼저 달라져야 해요. 다른 사람 탓을 하기보다는 우리가 먼저 움직이는 게 건강한 지구를 만들기 위한 현명한 방법이에요. 최근 들어 소비자가 먼저 움직이기 시작했어요. 건강한 지구를 지키기 위해 NO Plastic 캠페인을 펼친다는 소식을 여러분도 들어봤을 거예요. 아직 미약하지만 이런 운동은 조금씩 성과를 내었어요. 과자 안에 들어간 플라스틱 용기가 종이로 바뀌고, 플라스틱 용기 없이 포장하는 제품이 조금씩 늘어났거든요. 소비자가 강력하게 한목소리로 외치면, 조금이라도 세상이 달라진다는 것을 알 수 있어요. 이제 더 큰 소리로 외쳐야 할 때가 왔어요.

이런 바람을 담아 이 책을 썼어요. 이 책을 읽는 모든 사람이 지구에 있는 모든 플라스틱을 몰아내기 위해 같은 목소리를 내고 소리치며 행동해 주길 바랍니다.

2024년 12월
맑고 파란 겨울 하늘을 바라보며
정종영